MINI AMIGURUMI

LOS PERSONAJES FAVORITOS DE LOS NIÑOS

YVONNE RAPP

ÍNDICE

INFORMACIÓN GENERAL

PROYECTOS

LA PRINCESA DEL REINO DEL HIELO –18

EL PEZ FIEL –22

EL RATONCITO ELEGANTE –24

EL PERRO FILÓSOFO Y SU AMIGO –28

EL ALIEN DE COLOR AZUL -32

LOS OSOS DE COLORES -36

EL MONIGOTE AMARILLO -40

LA CERDITA FELIZ -44

EL DINOSAURIO SONRIENTE -48

LA NIÑA TERRORÍFICA -52

LA CRIATURA AZUL -56

EL PATO CON RAYAS -60

MATERIALES

HILOS

Para hacer los muñecos de este libro se puede usar cualquier hilo de algodón, hilo acrílico o lana. El hilo debe ser lavable y, necesariamente, apto para niños. Una vez terminados, los llaveros miden unos 6 cm de altura, aunque pueden variar según el tamaño del ganchillo y el hilo que utilices. Si ya dominas tejer a ganchillo y quieres hacer llaveros aún más delicados, puedes usar hilo fino para ganchillo o hilo de bordar y el ganchillo correspondiente. Como los muñecos son pequeños, necesitarás como máximo 10 g del hilo sugerido en las instrucciones para cada proyecto. ¡Los llaveros son ideales para usar restos de hilo! Por esta razón la cantidad de hilo no figura específicamente en las instrucciones.

ALGODÓN PARA RELLENO

El algodón para relleno debe ser de fibra sintética, que conserve su forma y sea lavable. Los muñecos se deben ir rellenando poco a poco, apretando bien. Los brazos y las piezas más pequeñas no suelen ir rellenos. Suelo ayudarme de un palito de madera para rellenar bien las esquinas y las formas más delicadas, pues me facilita mucho el trabajo. Hay que seguir hasta que no quepa más algodón para relleno y evitar así que, con el tiempo, el muñeco se deforme.

GANCHILLOS

Como yo tejo bastante flojo, siempre uso un ganchillo de 2 mm. Si tú tejes más bien apretado, te recomiendo utilizar el ganchillo de 2,5 mm. Pero recuerda que los llaveros deben ser lo más pequeños posible, así que elige un ganchillo más pequeño que el que se indica en el ovillo. El tejido debe quedar tupido y sin agujeros.

MARCADOR DE PUNTOS

El primer punto de la vuelta se señala con un marcador de puntos. A menos que se indique lo contrario se teje siempre en espiral, es decir, la vuelta no se cierra con un punto raso, sino que se utiliza un marcador para señalar dónde empieza una vuelta.

~~~~~~

OJOS Y COLORETE

Los ojos se pueden bordar con hilo blanco y negro, o se pueden usar ojos de seguridad. Si prefieres estos últimos, que tengan un diámetro de 5 mm. Los ojos de seguridad deben colocarse en el lugar correcto, pues una vez cerrado el muñeco ya no se pueden quitar. Si el llavero no está destinado a un niño pequeño se pueden utilizar ojos de cristal. Son fáciles de colocar, incluso una vez finalizada la labor.

Nota importante: es fundamental no utilizar objetos pequeños cuando se hagan muñecos para niños menores de tres años.
También puedes aplicar colorete con una brocha para colorete en las mejillas del muñeco.

~~~~~~

TÉCNICAS Y PUNTOS BÁSICOS

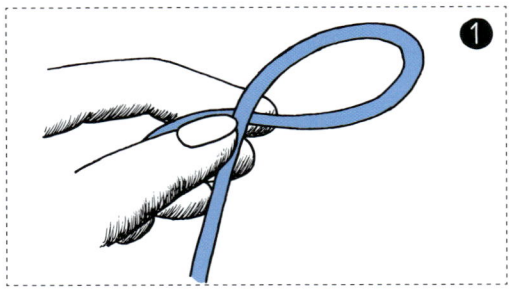

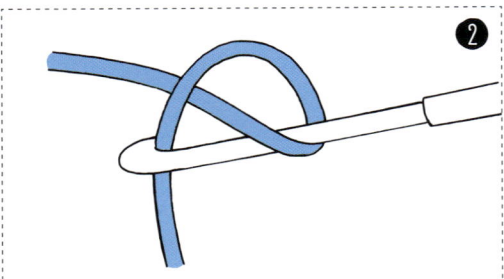

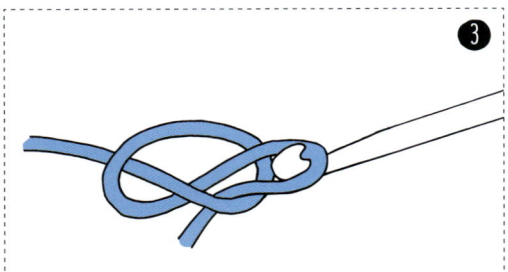

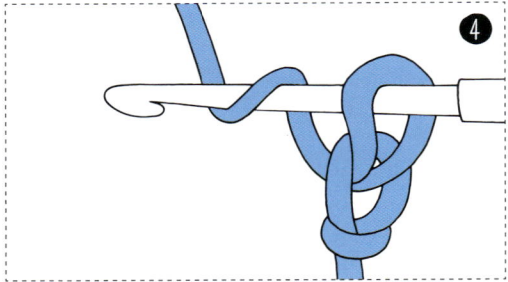

MONTAR CADENETAS

Hacer una presilla con la hebra y sujetarla entre el pulgar y el índice. El hilo de trabajo quedará hacia abajo 👉 (Fig. 1). Pasar el ganchillo por el centro y recoger la hebra para sacarla por la abertura 👉 (Fig. 2). Tensarla un poco, tirando a la vez del hilo de trabajo y del cabo. De esta manera se forma el nudo corredizo con una cadeneta de inicio, sobre la que se montan las cadenetas 👉 (Fig. 3).

Para montar más cadenetas, sujetar bien la de inicio, pinchar en el centro, echar la hebra y sacarla por la primera lazada 👉 (Fig. 4). Repetir las veces que sea necesario.

CADENETA DE GIRO

Al terminar una vuelta se teje una cadeneta al aire, llamada cadeneta de giro, y luego se da la vuelta a la labor.

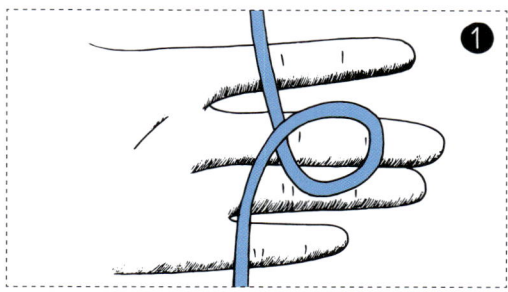

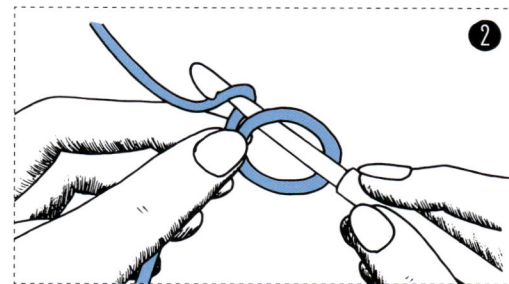

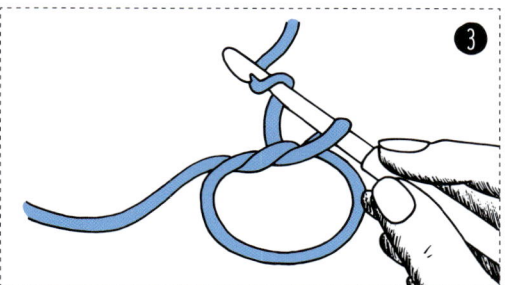

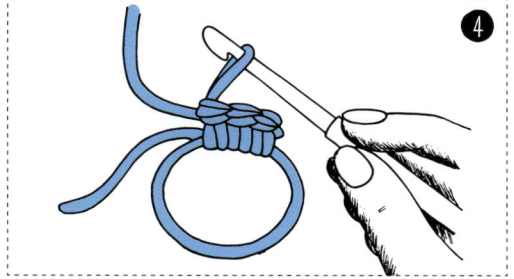

ANILLO MÁGICO

Hacer una presilla con la hebra, de manera que el cabo quede hacia abajo. Colocar el resto de la hebra hacia atrás sobre el dedo índice ☞ (Fig. 1). Sujetar la hebra entre el pulgar y el índice, pasar el ganchillo por el centro y recoger la hebra para sacarla por la abertura ☞ (Fig. 2).

Echar la hebra y sacarla por la presilla. De esta forma el anillo mágico queda fijo ☞ (Fig. 3). A partir de aquí, las cadenetas se tejen como normalmente. Tejer siempre alrededor del anillo, no en las presillas. Una vez tejidos todos los puntos, tirar del cabo para cerrar el anillo mágico ☞ (Fig. 4).

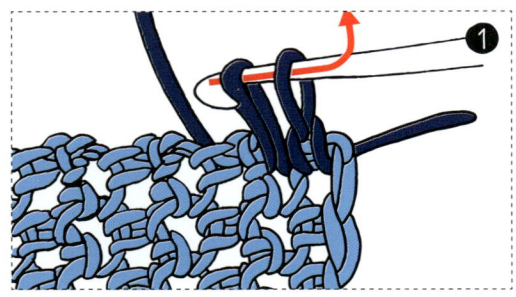

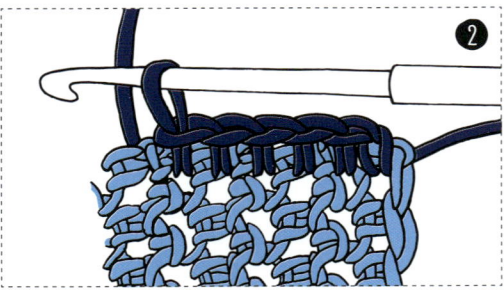

PUNTO RASO

Los puntos rasos son muy versátiles. No se utilizan solo para rematar los bordes, sino también para cerrar las vueltas. Para rematar un borde, se empieza por introducir el ganchillo en uno de los extremos de la labor. Pinchar debajo en la siguiente vuelta de la cadeneta de giro, echar la hebra y sacarla después por la presilla ☞ (Fig. 1). Así queda el borde rematado con cadenetas ☞ (Fig. 2).

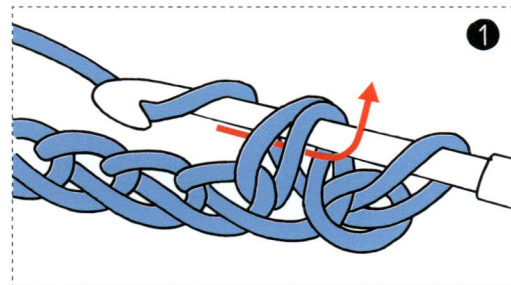

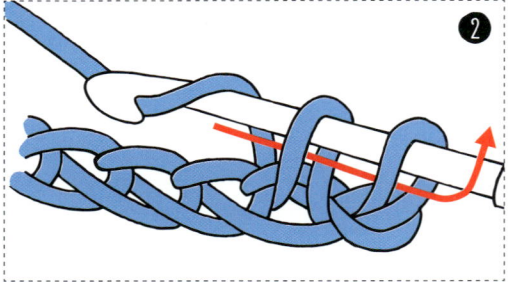

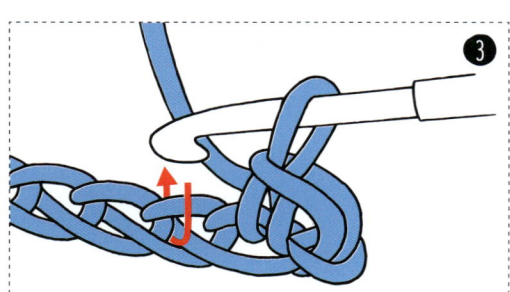

PUNTO BAJO (PUNTO EN V)

Introducir el ganchillo en el segundo punto, echar la hebra y sacarla. Quedan dos presillas en el ganchillo ☞ (Fig. 1). Echar la hebra otra vez y sacarla por las dos presillas del ganchillo. Así queda hecho el primer punto bajo ☞ (Fig. 2). Volver a pinchar en el punto siguiente y repetir el proceso ☞ (Fig. 3).

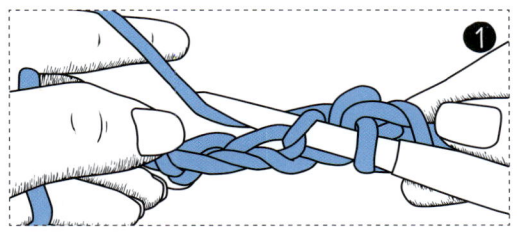

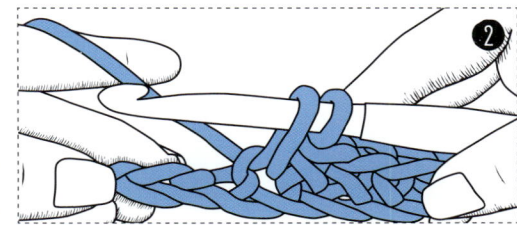

PUNTO BAJO (PUNTO EN X)

Es un punto bajo girado. Introducir el ganchillo en el siguiente punto y echar la hebra desde la izquierda, de manera que el hilo quede debajo del ganchillo. Sacar la hebra ☛ (Fig. 1). Quedan dos presillas en el ganchillo ☛ (Fig. 2). Echar la hebra otra vez y sacarla por las dos presillas del ganchillo. Así queda hecho el primer punto bajo (punto en X) ☛ (Fig. 3).

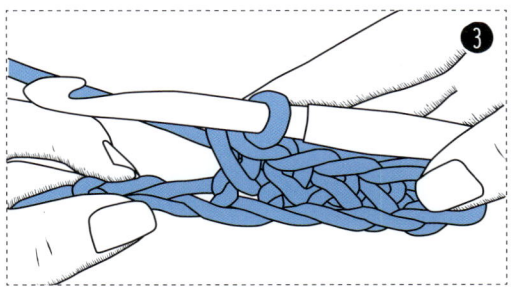

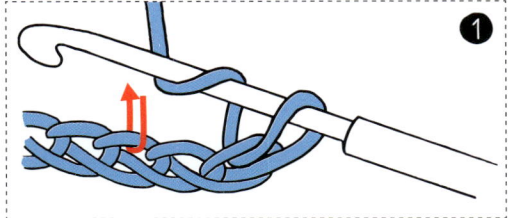

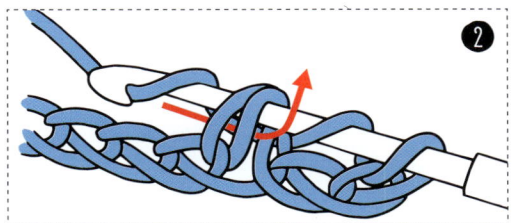

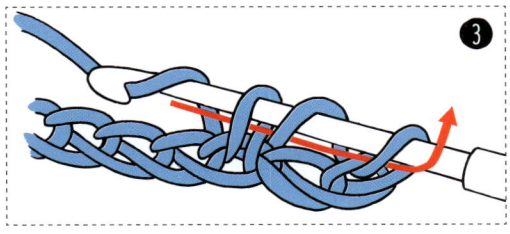

PUNTO MEDIO

Echar la hebra sobre el ganchillo, pasarla por el punto señalado ☛ (Fig. 1) y sacar la hebra. Quedan tres presillas en el ganchillo ☛ (Fig. 2). Volver a echar la hebra y sacarla por las tres presillas ☛ (Fig. 3). Así queda terminado el primer punto medio ☛ (Fig. 4).

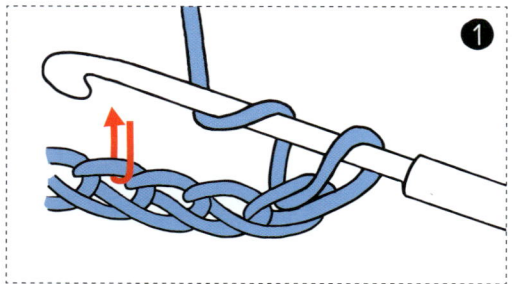

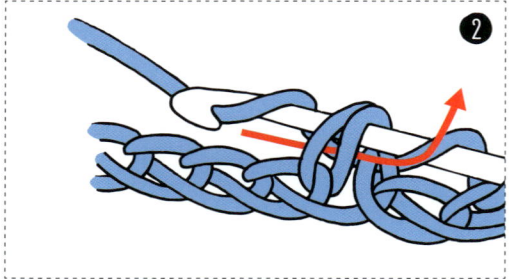

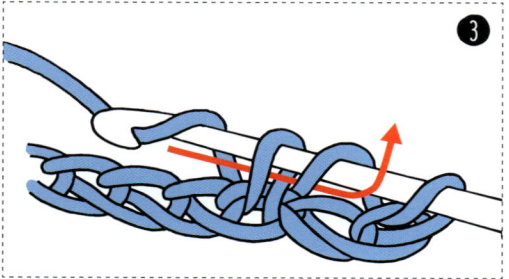

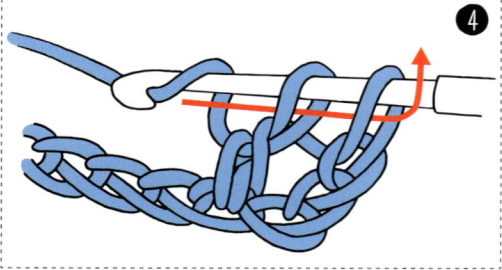

PUNTO ALTO

Echar la hebra sobre el ganchillo, pasarlo por el punto señalado ☞ (Fig. 1) y sacar la hebra. Quedan tres presillas en el ganchillo ☞ (Fig. 2). Volver a echar la hebra y sacarla por las dos primeras presillas. Ahora quedan dos presillas ☞ (Fig. 3). Echar la hebra de nuevo y sacarla a través de las dos presillas restantes ☞ (Fig. 4). Ya tenemos el primer punto alto terminado.

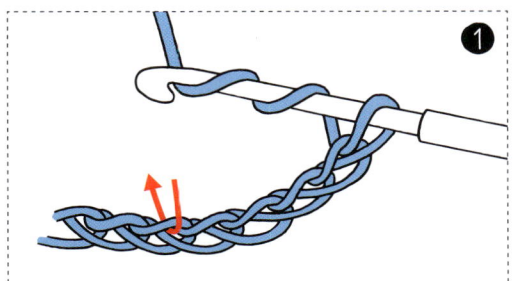

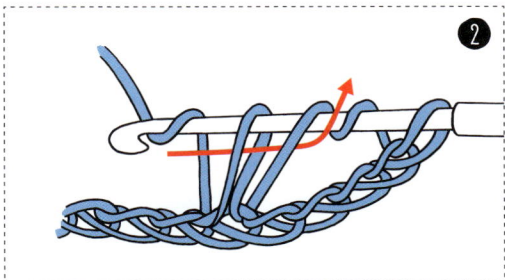

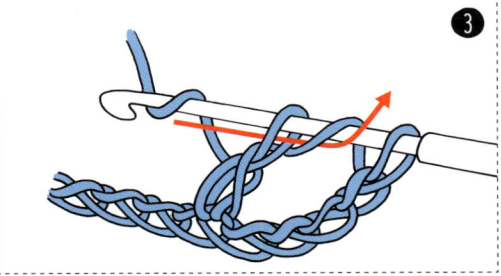

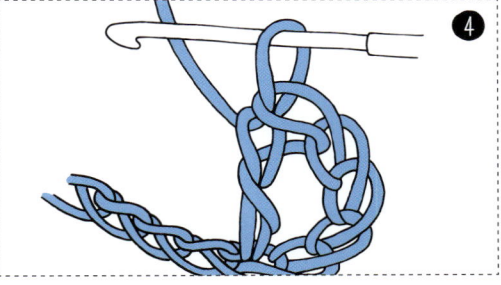

PUNTO ALTO DOBLE

Echar la hebra dos veces sobre el ganchillo, introducirla por el quinto punto (al principio de la fila/vuelta) o en el punto siguiente (dentro de una fila/vuelta) a partir del ganchillo. Echar la hebra. Quedan cuatro presillas en el ganchillo 👉 (Fig. 1). Echar la hebra otra vez y sacarla por las dos primeras presillas del ganchillo. Ahora quedan tres presillas en el ganchillo 👉 (Fig. 2). Echar la hebra otra vez y sacarla por las dos primeras presillas del ganchillo. Ahora quedan solo dos presillas en el ganchillo. Echar la hebra otra vez y sacarla por las dos últimas presillas 👉 (Fig. 3). Ya tenemos el primer punto alto doble terminado 👉 (Fig. 4).

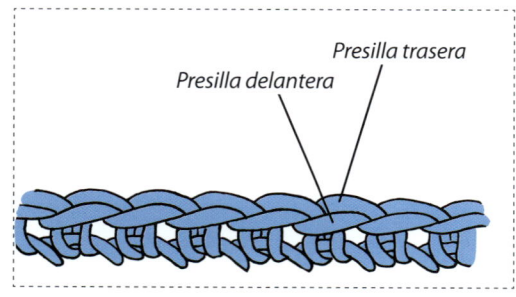

Presilla trasera
Presilla delantera

PRESILLAS

En algunas instrucciones se indica tejer solo por la presilla de un punto. El gráfico muestra dónde se sitúan las presillas delantera y trasera.

También se puede trabajar en la presilla trasera. En los puntos de cadeneta es la que está en la parte posterior de la cadeneta. En los puntos bajos, visto desde arriba, es la que está más hacia fuera.

TEJER EN FILAS

Al tejer en filas (ida y vuelta), hay que girar la labor al terminar cada vuelta. Antes hay que tejer un número determinado de cadenetas para ganar la altura deseada. Para el punto bajo se hace una cadeneta de giro, para el punto medio son dos y para el punto alto son tres.

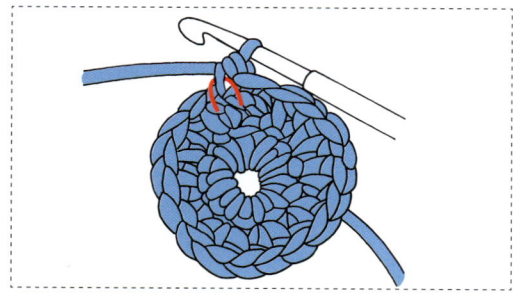

TEJER EN ESPIRAL

Al trabajar en espiral no se teje un punto raso al principio ni una cadeneta al final de la vuelta. Se va tejiendo todo seguido, como un caracol. Para facilitar el conteo de las vueltas, se puede señalar el principio con una hebra, un marcador o un imperdible.

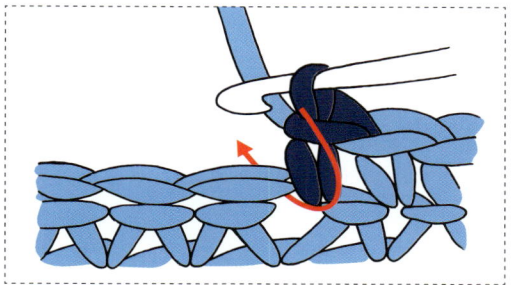

AUMENTAR

Para aumentar cualquier tipo de puntos, simplemente hay que tejer dos puntos de la manera habitual, pero sobre un mismo punto.

Aumentar un punto (abrev.: aum. 1 p.) = duplicar un punto, es decir, tejer dos veces en un mismo punto.

MENGUAR A PUNTO BAJO

Para menguar, se tejen puntos juntos. En el caso del punto bajo se hace así: introducir el ganchillo en el punto siguiente y echar la hebra, igual que al tejer un punto bajo, pero sin terminarlo. Introducir el ganchillo en el punto siguiente y echar la hebra. Quedan tres presillas en el ganchillo. Volver a echar la hebra y pasarla por las tres presillas a la vez. De esta manera queda disminuido un punto del número total.

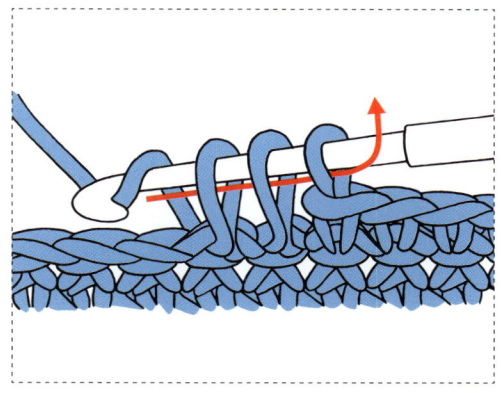

Menguar un punto (abrev.: mg. 1 p.) = cerrar dos puntos juntos, es decir, tejer dos puntos juntos de manera que quede solo una presilla.

MENGUADO INVISIBLE

Esta técnica de menguado se recomienda solo para trabajos en espiral. Pasar el ganchillo solo por la presilla delantera del punto siguiente. Inmediatamente después, pasar el ganchillo solo por la presilla delantera del punto siguiente. Echar la hebra y sacarla por las dos presillas del ganchillo.

CIERRE INVISIBLE

Una vez tejida la última vuelta, cortar el hilo dejando una hebra larga, enhebrarla en una aguja, pasarla por debajo de la primera cadeneta y sacarla por la última cadeneta. Tirar bien de la hebra para cerrar la abertura y coser la hebra sobrante para esconderla.

CAMBIO DE COLOR

Si hay que cambiar de color o de hebra, es mejor hacerlo al echar la hebra en el último punto de la vuelta anterior, para que el cambio se vea limpio y sin escalones.

FINAL DE VUELTA INVISIBLE

Si se teje en vueltas en espiral, la labor debe terminarse de la manera más invisible posible. Para ello, saltar un punto, pasar por el segundo punto y volver para pasar la presilla trasera del último punto que se ha tejido.

PUNTOS DE BORDADO

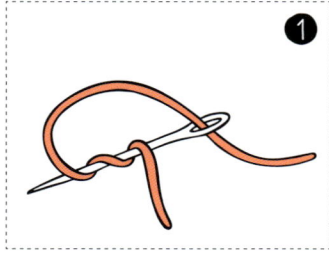

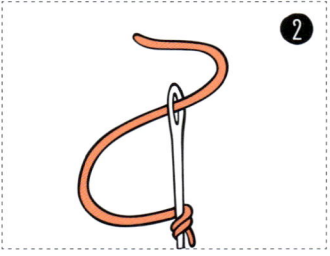

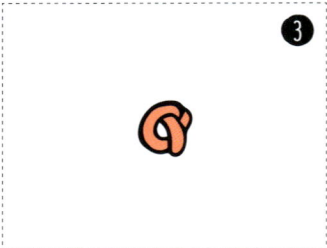

PUNTO DE NUDO

Enrollar el hilo varias veces alrededor de la aguja 👉 (Fig. 1), pinchar con la aguja en el lugar indicado. Con la punta pinchada, deslizar el nudo por la aguja hasta la superficie de la labor y pasar la hebra 👉 (Fig. 2). Punto de nudo terminado 👉 (Fig. 3).

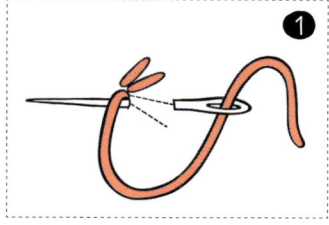

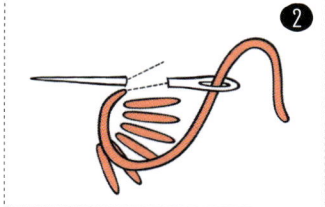

PUNTO LANZADO

El punto lanzado se hace con puntadas rectas. Salir con la aguja desde el revés hacia el derecho del tejido, donde se quiera empezar el punto. Pasar la aguja hacia el revés del tejido, donde se quiera terminar el punto. Repetir las puntadas un poco separadas, procurando que no sean demasiado largas.

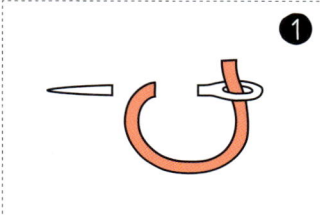

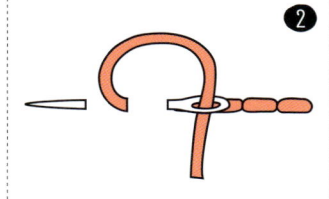

PESPUNTE

Insertar la aguja desde el revés de la labor, hacer la puntada hacia la derecha. Sacar la aguja hacia la izquierda, dejando por debajo el doble de longitud. Sacar el hilo 👉 (Fig. 1). Para continuar, volver a pinchar en el mismo sitio por donde salió el hilo y seguir bordando dejando el doble de longitud por debajo antes de volver a salir. Sacar el hilo 👉 (Fig. 2).

UNIR EL MUÑECO
AL LLAVERO

Hay diferentes formas de unir el muñeco a un llavero. Por supuesto, depende del tipo de fijación. Aquí se muestran tres métodos diferentes:

MÉTODO 1

Para unir el muñeco a la cadena de metal que cuelga del llavero se necesitan unos alicates. Abrir un poco la anilla con los alicates y pasar dos puntos de la parte superior del muñeco por la anilla abierta. Cerrar la anilla con ayuda de los alicates.

MÉTODO 2

Si el llavero no tiene cadena, se puede coser un mosquetón pequeño en la parte superior del muñeco y usar este gancho para sujetar el muñeco al llavero.

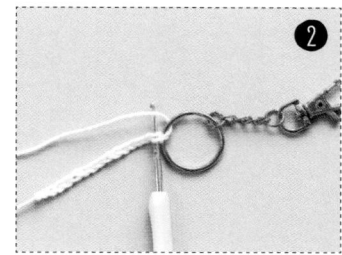

MÉTODO 3

También se puede tejer una cadeneta, unirla primero al llavero y luego al muñeco.

Tejer 15 puntos de cadeneta con una hebra del hilo inicial, pasar el ganchillo por la anilla del llavero ☞ (Fig. 1)

y tejer 1 punto de cadeneta alrededor ☞ (Fig. 2), luego tejer 15 puntos rasos sobre la cadeneta. Cortar dejando largo el hilo final ☞ (Fig. 3).

Coser la cadeneta al muñeco. Con el ganchillo, pasar el hilo

inicial y el hilo final a lo largo de todo el muñeco, anudar los extremos en la parte inferior del cuerpo y después esconder el hilo que sobre.

ABREVIATURAS

aum. = aumentar
c. = color
cad. = cadeneta
f. = fila
gan. = ganchillo
long. = longitud

m. = marcador
mad. = madroño
mg. = menguar/menguado
p. = punto
p.a. = punto alto
p.a.d. = punto alto doble
p.b. = punto bajo

p.m. = punto medio
p.r. = punto raso
pres. del. = presilla delantera
pres. tras. = presilla trasera
v. = vuelta

GRADOS DE DIFICULTAD

Los proyectos de este libro están divididos en tres categorías de dificultad, indicadas al principio de cada proyecto. Los grados de dificultad serán más útiles para quienes estén aprendiendo a tejer a ganchillo.

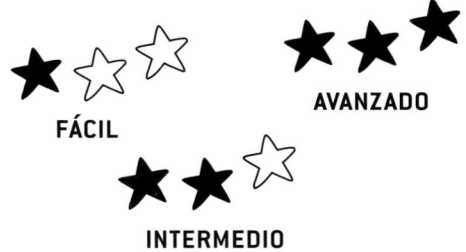

FÁCIL

INTERMEDIO

AVANZADO

LA PRiNCESA del reino del hielo

MATERIALES

- 👉 Hilo Schachenmayr Catania (100% algodón, 125m/50 g) de color turquesa (n.° 397), celeste (n.° 173), amarillo (n.° 403) y marfil (n.° 436)
- 👉 Hilo de bordar en blanco y negro
- 👉 Ganchillo de 2 mm
- 👉 Ojos de seguridad redondos de 5 mm Ø
- 👉 Algodón para relleno
- 👉 Aguja de tapicería
- 👉 Llavero
- 👉 Colorete y brocha para colorete (opcional)

CÓMO SE HACE

En estas instrucciones todos los p.b. se tejen (punto en X, ver la página 9) y, a menos que se indique lo contrario, se teje en espiral. A medida que se va tejiendo, hay que ir rellenando las piezas con algodón para relleno.

CUERPO Y CABEZA
(en turquesa y marfil)

Empezar con hilo de color turquesa.

1.ª v.: tejer 6 p.b. en un anillo mágico.
2.ª v.: aum. 1 p. 6 veces (= 12 p.).
3.ª v.: *1 p.b., aum. 1 p.*, repetir 5 veces de * a * (= 18 p.).
4.ª v.: en las pres. tras.: *1 p.b., aum. 1 p., 1 p.b.*, repetir 5 veces de * a * (= 24 p.).
5.ª y 6.ª v.: tejer 24 p.b.
7.ª v.: *4 p.b., mg. 1 p.*, repetir 3 veces de * a * (= 20 p.).
8.ª v.: *3 p.b., mg. 1 p.*, repetir 3 veces de * a * (= 16 p.).
9.ª v.: *2 p.b., mg. 1 p.*, repetir 3 veces de * a * (= 12 p.).
Rellenar las siguientes vueltas con algodón para relleno bien apretado.
10.ª v.: tejer 12 p.b.
Cambiar a color marfil. Tejer la cabeza.
11.ª v.: tejer 12 p.b. en las pres. tras.
12.ª v.: *1 p.b., aum. 1 p.*, repetir 5 veces de * a * (= 18 p.).

13.ª v.: *1 p.b., aum. 1 p., 1 p.b.*, repetir 5 veces de * a * (= 24 p.).
14.ª v.: *3 p.b., aum. 1 p.*, repetir 5 veces de * a * (= 30 p.).
15.ª a 18.ª v.: tejer 30 p.b.
Introducir los ojos de seguridad entre las v. 14.ª y 15.ª, dejando 5 p. entre medias.
19.ª v.: *3 p.b., mg. 1 p.*, repetir 5 veces de * a * (= 24 p.).
20.ª v.: *1 p.b., mg. 1 p., 1 p.b.*, repetir 5 veces de * a * (= 18 p.).
Rellenar las siguientes vueltas con algodón para relleno.
21.ª v.: *1 p.b., mg. 1 p.*, repetir 5 veces de * a * (= 12 p.).
22.ª v.: mg. 1 p. 6 veces (= 6 p.).
Terminar la vuelta haciendo un cierre invisible con el extremo del hilo. Rematar.

CONTINÚA

Trabajar con color turquesa sobre los puntos sobrantes de la 3.ª v. y tejer 24 p.r. alrededor. (figura 1).

Trabajar también con color turquesa sobre los puntos sobrantes de la 10.ª v. (la cabeza queda de espaldas), ver la figura 2 y tejer 12 p.r. alrededor.

Rematar todos los hilos. Enhebrar con hilo de color marfil y bordar una pequeña nariz sobre 2 p. en la cara, entre las v. 13.ª y 14.ª.

BRAZOS (2 veces, en marfil y celeste)

Empezar con hilo de color marfil.
1.ª v.: tejer 6 p.b. en un anillo mágico.
2.ª v.: tejer 6 p.b. en el mismo punto.
Cambiar a color celeste.
3.ª a 6.ª v.: tejer 6 p.b.
Rematar con una hebra larga.

Dar un par de puntadas en cada brazo para cerrarlo y coserlo a los lados del cuerpo.

PELO (en amarillo)

1.ª v.: tejer 6 p.b. en un anillo mágico.
2.ª v.: aum. 1 p. 6 veces (= 12 p.).
3.ª v.: *1 p.b., aum. 1 p.*, repetir 5 veces de * a * (= 18 p.).
4.ª v.: *1 p.b., aum. 1 p., 1 p.b.*, repetir 5 veces de * a * (= 24 p.).
5.ª v.: *3 p.b., aum. 1 p.*, repetir 5 veces de * a * (= 30 p.).
6.ª a 10.ª v.: tejer 30 p.b.
En la siguiente v. se tejen primero 3 mechones cortos para el flequillo y se tejen 3 mechones largos para la trenza.
11.ª v.: 14 p.b., *8 cad., pinchar en la 2.ª cad. desde el ganchillo, 7 p.b., 1 p.r.*, repetir 2 veces de * a *, 6 p.b., *10 cad., pinchar en la 2.ª cad. desde el ganchillo, 9 p.b., 1 p.r.*, repetir 2 veces de * a *, 4 p.b. (= 30 p.).
Rematar y dejar una hebra larga. Colocar el pelo de manera que los 3 mechones cortos queden en el medio de la frente. Coser el pelo alrededor de la coronilla. Hacer una trenza con los 3 mechones largos, cerrar con un poco de hilo de color amarillo, también se puede coser la trenza por delante del vestido.

CAPA (en celeste)

Tejer en filas.
1.ª f.: dejar al principio una hebra larga, montar 7 cad., pinchar en la 2.ª cad. desde el ganchillo, 6 p.b., 1 cad., girar (= 6 p.).

2.ª a 5.ª f.: tejer 6 p.b., 1 cad., girar (= 6 p.).
6.ª f.: 1 p.b., 1 p.m., *3 p.a. en 1 p.*, repetir de * a *, 1 p.m., 1 p.b. (= 10 p.).
No rematar, tejer p.b. alrededor de todo el borde, haciendo 2 p.b. en las esquinas, 1 p.r. en el 1.ᵉʳ p.b. de la 6.ª v.
Rematar y coser el extremo del hilo. Si se quiere, bordar en blanco un copo de nieve. Usar el hilo inicial para fijar la capa en la parte posterior del cuerpo, a la altura del cuello (figura 3).

ACABADO

Delinear los ojos con hilo de bordar blanco y negro y bordar un par de pestañas.
También se puede aplicar un poco de colorete en las mejillas con una brocha para colorete.
Para terminar, unir la muñeca al llavero.

¡TERMINADA!

EL PEZ fiel

MATERIALES

- 👉 Hilo Scheepjes Catona (100% algodón, 125 m/ 50 g) en amarillo (n.° 403) y azul (n.° 247)
- 👉 Hilo de bordar en blanco y negro
- 👉 Ganchillo de 2 mm
- 👉 Ojos de seguridad redondos de 5 mm Ø
- 👉 Algodón para relleno
- 👉 Aguja de tapicería
- 👉 Llavero
- 👉 Alfileres
- 👉 Colorete y brocha para colorete (opcional)

CÓMO SE HACE

En estas instrucciones todos los p.b. se tejen (punto en X, ver la página 9) y, a menos que se indique lo contrario, se teje en espiral. A medida que se va tejiendo, hay que ir rellenando las piezas con algodón para relleno.

CABEZA Y CUERPO
(en amarillo y azul)

Empezar con hilo de color amarillo.

1.ª v.: tejer 4 p.b. en un anillo mágico.
2.ª v.: tejer 4 p.b.
3.ª v.: *1 p.b., aum. 1 p.*, repetir de * a * (= 6 p.).
4.ª v.: aum. 1 p. 6 veces (= 12 p.).
5.ª v.: *1 p.b., aum. 1 p.*, repetir 5 veces de * a * (= 18 p.).
6.ª v.: tejer 18 p.b.
7.ª v.: *1 p.b., aum. 1 p., 1 p.b.*, repetir 5 veces de * a * (= 24 p.).
8.ª v.: *3 p.b., aum. 1 p.*, repetir 5 veces de * a * (= 30 p.).
9.ª a 12.ª v.: tejer 30 p.b.
Introducir los ojos de seguridad entre las v. 5.ª y 6.ª dejando 7 p. entre medias.
13.ª v.: *3 p.b., mg. 1 p.*, repetir 5 veces de * a * (= 24 p.).
14.ª v.: tejer 24 p.b.
Rellenar con algodón para relleno, rellenar también en las siguientes vueltas.
15.ª v.: *1 p.b., mg. 1 p., 1 p.b.*, repetir 5 veces de * a * (= 18 p.).
16.ª v.: *1 p.b., mg. 1 p.*, repetir 5 veces de * a * (= 12 p.).
17.ª v.: tejer 12 p.b.
18.ª v.: *mg. 1 p., 4 p.b.*, repetir de * a * (= 10 p.).
19.ª y 20.ª v.: tejer 10 p.b.
Cambiar a color azul.
La aleta caudal se teje en filas.

1.ª f.: doblar la pieza por la mitad en vertical, casando los ojos, y tejer 4 p.b. juntando los 2 lados (el último p.b. de la vuelta anterior no se teje) (= 4 p.).
2.ª f.: tejer 3 cad. (cuenta como 1 p.a.), 1 p.a. en el 1.er p., 3 p.a. juntos (= 8 p.).
Cerrar y rematar.
Bordar en la espalda rayas con puntadas largas: la 1.ª raya queda 4 v. detrás del ojo, a la misma altura. Las otras 2 se tejen 2 v. más atrás cada una (figura 1).

❶

ALETA PECTORAL (2 veces, en azul)

Tejer en filas.

1.ª f.: tejer 4 cad., pinchar en la 4.ª cad. desde el ganchillo y tejer (1 p.a., 3 cad., 1 p.r.) en 1 p.

Rematar, cortar el hilo dejando una hebra larga y coser las aletas a ambos lados del cuerpo, a la altura de la parte inferior de cada ojo (figura 2).

ALETA DORSAL (en azul)

Tejer en filas.

1.ª f.: tejer 10 cad., pinchar en la 4.ª cad. desde el ganchillo y aum. 3 veces 1 p.a., 2 p.b., 2 p.r. (= 10 p.).

Rematar, cortar la hebra larga y coser la aleta centrada en la parte alta del cuerpo del pez (figura 1).

ACABADO

Rodear los ojos con hilo de bordar blanco y bordar las cejas con hilo de bordar negro.

También se puede aplicar un poco de colorete en las mejillas con una brocha para colorete.

Para terminar, unir el muñeco al llavero pasando 1 p. de la aleta dorsal en la anilla.

> ¡TERMINADO! <

EL RATONCITO elegante

MATERIALES

- 👉 Hilo Schachenmayr Catania (100% algodón, 125m/ 50 g) en rojo (n.° 115), negro (n.° 110), marfil (n.° 436), blanco (n.° 106) y amarillo (n.° 208)
- 👉 Hilo de bordar en blanco y negro
- 👉 Ganchillo de 2 mm
- 👉 Ojos de seguridad ovalados de 5 mm Ø
- 👉 Algodón para relleno
- 👉 Aguja de tapicería
- 👉 Llavero
- 👉 Alfileres

CÓMO SE HACE

En estas instrucciones todos los p.b. se tejen (punto en X, ver la página 9) y, a menos que se indique lo contrario, se teje en espiral. A medida que se va tejiendo, hay que ir rellenando las piezas con algodón para relleno.

CUERPO Y CABEZA (en rojo, negro y marfil)

Empezar con hilo de color rojo.

1.ª v.: tejer 6 p.b. en un anillo mágico.
2.ª v.: aum. 1 p. 6 veces (= 12 p.).
3.ª v.: *1 p.b., aum. 1 p.*, repetir 5 veces de * a * (= 18 p.).
4.ª v.: *1 p.b., aum. 1 p., 1 p.b.*, repetir 5 veces de * a * (= 24 p.).
5.ª y 6.ª v.: tejer 24 p.b.
7.ª v.: *4 p.b., mg. 1 p.*, repetir 3 veces de * a * (= 20 p.).
Cambiar a color negro.
8.ª v.: en las pres. tras.: *3 p.b., mg. 1 p.*, repetir 3 veces de * a * (= 16 p.).
9.ª v.: *2 p.b., mg. 1 p.*, repetir 3 veces de * a * (= 12 p.).
10.ª y 11.ª v.: tejer 12 p.b.
Rellenar el cuerpo con algodón para relleno.
Tejer la cabeza.
Cambiar a color marfil.
12.ª v.: *1 p.b., aum. 1 p.*, repetir 5 veces de * a * (= 18 p.).
13.ª v.: *1 p.b., aum. 1 p., 1 p.b.*, repetir 5 veces de * a * (= 24 p.).
14.ª v.: *3 p.b., aum. 1 p.*, repetir 5 veces de * a * (= 30 p.).
15.ª a 18.ª v.: tejer 30 p.b.
Introducir los ojos de seguridad entre las v. 16.ª y 17.ª, dejando 3 p. entre medias.
19.ª v.: *3 p.b., mg. 1 p.*, repetir 5 veces de * a * (= 24 p.).

Rellenar con algodón para relleno, rellenar también en las siguientes vueltas.
20.ª v.: *1 p.b., mg. 1 p., 1 p.b.*, repetir 5 veces de * a * (= 18 p.).
21.ª v.: *1 p.b., mg. 1 p.*, repetir 5 veces de * a * (= 12 p.).
22.ª v.: mg. 1 p. 6 veces (= 6 p.).
Terminar la vuelta haciendo cierre invisible y rematar.

PELO (en negro)

1.ª v.: tejer 6 p.b. en un anillo mágico.
2.ª v.: aum. 1 p. 6 veces (= 12 p.).
3.ª v.: *1 p.b., aum. 1 p.*, repetir 5 veces de * a * (= 18 p.).
4.ª v.: *1 p.b., aum. 1 p., 1 p.b.*, repetir 5 veces de * a * (= 24 p.).
5.ª v.: *3 p.b., aum. 1 p.*, repetir 5 veces de * a * (= 30 p.).
6.ª a 9.ª v.: tejer 30 p.b. (= 30 p.).
10.ª v.: tejer 5 p.b., 1 p.m., 2 p.a.d., 1 p.a., 1 p.m., 5 p.b., 1 p.a., (1 p.a., 2 p.a.d., 1 p.a.) en 1 p., 1 p.a., 5 p.b., 2 p.a.d., 1 p.a., 1 p.m., 3 p.b. (= 33 p.).
Rematar y dejar una hebra larga. Colocar el pelo de manera que los p.a.d. queden centrados en la frente. La parte posterior del pelo debe quedar alineada con el cuerpo.

CONTINÚA

Coser el pelo alrededor de la cabeza, destacando las 3 partes de los p.a.d. (figura 1).

OREJAS (2 veces, en negro)

1.ª v.: tejer 5 p.b. en un anillo mágico.
2.ª v.: aum. 1 p. 5 veces (= 10 p.).
3.ª v.: *1 p.b., aum. 1 p.*, repetir 4 veces de * a * (= 15 p.). Terminar haciendo un cierre invisible y cortar dejando una hebra larga. Poner las orejas en la parte superior de la cabeza, a los lados, y coserlas al pelo entre las v. 7.ª y 8.ª, sobre 3 o 4 p. de la última v. Rematar todas las hebras sobrantes.

NARIZ (en negro y marfil)

Empezar con hilo de color negro.
1.ª v.: tejer 5 p.b. en un anillo mágico.
Cambiar a color marfil.
2.ª v.: en las pres. tras.: 3 p.r., aum. 1 p. 2 veces (= 7 p.).
3.ª v.: 3 p.r., aum. 1 p. 4 veces (= 11 p.).
4.ª v.: 3 p.r., 1 p.b., aum. 1 p.m., 4 p.b., 1 p.m., 1 p.b. (= 13 p.).
Rematar y fijar la nariz en la cara con ayuda de unos alfileres. Los 3 p.r. de la última v. deben quedar hacia arriba, justo debajo de los ojos. Coser la nariz, pero antes de terminar rellenarla un poco.

BRAZOS (2 veces, en blanco y negro)

Empezar con hilo de color blanco.
1.ª v.: tejer 6 p.b. en un anillo mágico.
2.ª v.: tejer 6 p.b. en las pres. tras. Cambiar a color negro.
3.ª a 6.ª v.: tejer 6 p.b.
Rematar y dejar una hebra larga. Dar un par de puntadas en cada brazo para cerrarlos y coserlos a los lados del cuerpo.

PIERNAS (2 veces, en amarillo y negro)

Empezar con hilo de color amarillo.
1.ª v.: tejer 4 p.b. en un anillo mágico.
2.ª v.: aum. 1 p. 4 veces (= 8 p.).
3.ª a 5.ª v.: tejer 8 p.b.
Si se quiere, rellenar un poco el pie con algodón para relleno.
6.ª v.: mg. 1 p. 4 veces (= 4 p.).
7.ª v.: mg. 1 p., cambiar a color negro, 4 cad.
Rematar y dejar una hebra larga. Coser las piernas con la hebra sobrante entre las v. 3.ª y 4.ª del cuerpo y pasar el hilo por la espalda. Coser bien las piernas, cerrar y rematar. Esto es necesario para que las piernas queden bien sujetas.

ACABADO

Hacer la boca con hilo de bordar negro. Realizar con hilo de bordar blanco un semicírculo en la parte exterior de los ojos. También con hilo de bordar blanco, hacer los dos botones en el cuerpo. Unir el muñeco al llavero.

¡TERMINADO!

EL PERRO filósofo y su amigo

MATERIALES

- 👉 Hilo Buttinette WollButt Camilla (100% algodón, 50g/125 m) en negro (n.° 35435), blanco (n.° 35432) y rojo (n.° 35442)
- 👉 Hilo Schachenmayr Catania (100% algodón, 125m/50 g) en amarillo (n.° 403)
- 👉 Hilo de bordar en negro
- 👉 Ganchillo de 2 mm
- 👉 Algodón para relleno
- 👉 Aguja de tapicería
- 👉 Llavero

CÓMO SE HACE

En estas instrucciones todos los p.b. se tejen (punto en X, ver la página 9) y, a menos que se indique lo contrario, se teje en espiral. A medida que se va tejiendo, hay que ir rellenando poco a poco las piezas con algodón para relleno.

CABEZA (en blanco)

1.ª v.: tejer 6 p.b. en un anillo mágico.

2.ª v.: aum. 1 p. 6 veces (= 12 p.).
3.ª v.: en las pres. tras.: aum. 1 p. 6 veces, 1 p.b., 4 cad. (figura 1), pinchar en la 2.ª cad. desde el ganchillo, (aum. 1 p., tejer 2 p.b. en la tira de cad.), seguir tejiendo en las pres. tras. del cuerpo, 1 p.b., aum. 1 p. 4 veces (= 30 p.) (figura 2).
4.ª v.: 2 p.b., aum. 1 p., * 4 p.b., aum. 1 p.*, repetir 1 vez de * a *, 4 p.b. en la tira de cad., seguir tejiendo del otro lado, aum. 1 p., *4 p.b., aum. 1 p.*, repetir de * a *, 2 p.b. (= 36 p.).
5.ª a 9.ª v.: tejer 36 p.b.
10.ª v.: tejer 15 p.b., mg. 1 p. 6 veces, 9 p.b. (= 30 p.).
11.ª v.: tejer 12 p.b., mg. 1 p. 6 veces, 6 p.b. (= 24 p.).
12.ª v.: *1 p.b., mg. 1 p., 1 p.b.*, repetir 5 veces de * a * (= 18 p.). Empezar a rellenar apretado con algodón para relleno.
13.ª a 15.ª v.: tejer 18 p.b.
16.ª v.: *1 p.b., mg. 1 p.*, repetir 5 veces de * a * (= 12 p.). Rellenar apretado con algodón para relleno.
17.ª v.: mg. 1 p. 6 veces (= 6 p.). Terminar la vuelta haciendo un cierre invisible y rematar.

CUERPO (en rojo y blanco)

Empezar con hilo de color rojo.
1.ª v.: tejer 12 p.b. en las pres. que quedan de la 2.ª v. de la cabeza (figura 3) (= 12 p.).

CONTINÚA

2.ª v.: tejer 12 p.b.
Cambiar a color blanco.
3.ª v.: en las pres. tras.: *1 p.b.,
aum. 1 p.*, repetir 5 veces de
* a * (= 18 p.).
4.ª v.: *1 p.b., aum. 1 p., 1 p.b.*,
repetir 5 veces de * a * (= 24 p.).
5.ª y 6.ª v.: tejer 24 p.b.
7.ª v.: en las pres. tras.: *1 p.b.,
mg. 1 p., 1 p.b.*, repetir 5 veces
de * a * (= 18 p.).
Rellenar un poco el cuerpo con
algodón para relleno.
8.ª v.: *1 p.b., mg. 1 p.*, repetir
5 veces de * a * (= 12 p.).
9.ª v.: mg. 1 p. 6 veces (= 6 p.).
Terminar la vuelta haciendo un
cierre invisible y rematar.
Si se quiere, tejer 24 p.r. con
color blanco alrededor sobre
las pres. del. de la 6.ª v. (= 24 p.)
(figura 4).
Terminar la vuelta haciendo un
cierre invisible y rematar.

OREJAS (2 veces, en negro)

1.ª v.: tejer 5 p.b. en un anillo
mágico.
2.ª v.: aum. 1 p. 5 veces (= 10 p.).
3.ª v.: *1 p.b., aum. 1 p.*, repetir
4 veces de * a * (= 15 p.).
4.ª a 7.ª v.: tejer 15 p.b.
8.ª v.: *1 p.b., mg. 1 p.*, repetir
4 veces de * a * (= 10 p.).
9.ª v.: mg. 1 p. 5 veces (= 5 p.).
Rematar y cortar el hilo dejando
una hebra larga. Colocar las
orejas entre las v. 12.ª y 13.ª a
los lados de la cabeza y coserlas.

PÁJARO (en amarillo)

1.ª v.: tejer 5 p.b. en un anillo
mágico.
2.ª v.: aum. 1 p. 5 veces (= 10 p.).
3.ª y 4.ª v.: tejer 10 p.b.
5.ª v.: aum. 1 p. 5 veces (= 15 p.).
6.ª a 8.ª v.: tejer 15 p.b.
9.ª v.: *1 p.b., mg. 1 p.*, repetir
4 veces de * a * (= 10 p.).
Rellenar con algodón para
relleno.
10.ª v.: mg. 1 p. 5 veces (= 5 p.).

CRESTA (en amarillo)

Tejer en filas.
1.ª f.: tejer 7 cad., pinchar en la
2.ª cad. desde el ganchillo, 1 p.b.,
*4 cad., pinchar en la 2.ª cad.
desde el ganchillo, 3 p.r. en la tira
de cad., 1 p.b. en la tira de cad. del
principio*, repetir 4 veces de * a *
(= 5 picos).
Rematar y cortar la hebra larga.
Coser la pieza de la cresta en el
centro de la cabeza hasta la nuca
(figura 5).

ACABADO

Hacer con hilo de bordar negro
los ojos y la boca en la cabeza
del perro. La nariz se puede
bordar con hilo de bordar
negro o tejer un anillo mágico
con 3-4 p.b. y coserlo como
nariz. Realizar también los
ojos y la boca del pájaro con
hilo de bordar negro.
Para unir el perro a la anilla del
llavero, tejer con el hilo inicial
15 cad. en color blanco, pasar el
ganchillo por el anillo del llavero,
tejer 1 cad. alrededor (página 17)
y seguir con 15 p.r. sobre la tira
de cad. Cortar la hebra larga.
Coser la tira de cad. en la cabeza
del perro. Pasar los hilos iniciales
y finales por todo el cuerpo y
anudarlos en la parte inferior
del perro.
Unir el pájaro de la misma
manera a la anilla del llavero,
pero tejiendo 10 cad. en vez
de 15 cad.

≫ ¡TERMINADOS! ≪

EL ALIEN de color azul

MATERIALES

- 👉 Hilo Scheepjes Catona (100% algodón, 125 m/ 50 g) en azul celeste (n.° 173), azul pastel (n.° 384), rosa claro (n.° 246), negro (n.° 110) y azul Capri (n.° 261)
- 👉 Hilo de bordar en blanco
- 👉 Ganchillo de 2 mm
- 👉 Algodón para relleno
- 👉 Aguja de tapicería
- 👉 Llavero
- 👉 Alfileres opcionales

CÓMO SE HACE

En estas instrucciones todos los p.b. se tejen (punto en X, ver la página 9) y, a menos que se indique lo contrario, se teje en espiral. A medida que se va tejiendo, hay que ir rellenando poco a poco las piezas con algodón para relleno.

CABEZA (en azul celeste y azul pastel)

Empezar con hilo de color azul celeste.

1.ª v.: tejer 6 p.b. en un anillo mágico.
2.ª v.: aum. 1 p. 6 veces (= 12 p.).
3.ª v.: *1 p.b., aum. 1 p.*, repetir 5 veces de * a * (= 18 p.).
4.ª v.: *1 p.b., aum. 1 p., 1 p.b.*, repetir 5 veces de * a * (= 24 p.).
5.ª v.: *3 p.b., aum. 1 p.*, repetir 5 veces de * a * (= 30 p.).
6.ª v.: *2 p.b., aum. 1 p., 2 p.b.*, repetir 5 veces de * a * (= 36 p.). Cambiar a color azul pastel.
7.ª v.: en las pres. tras.: tejer 36 p.r.
8.ª v.: en las pres. tras.: tejer 36 p.b.
9.ª a 13.ª v.: tejer 36 p.b.
14.ª v.: *2 p.b., mg. 1 p., 2 p.b.*, repetir 5 veces de * a * (= 30 p.).
15.ª v.: tejer 30 p.b.
16.ª v.: *3 p.b., mg. 1 p.*, repetir 5 veces de * a * (= 24 p.).
17.ª v.: *1 p.b., mg. 1 p., 1 p.b.*, repetir 5 veces de * a * (= 18 p.). Rellenar con algodón para relleno, rellenar también en las siguientes vueltas.
18.ª v.: *1 p.b., mg. 1 p.*, repetir 5 veces de * a * (= 12 p.).
19.ª v.: mg. 1 p. 6 veces (= 6 p.). Terminar la vuelta haciendo un cierre invisible y rematar.

PELO (en azul pastel)

Tejer en filas.
1.ª f.: tejer 5 cad., pinchar en la 2.ª cad. desde el ganchillo, 1 p.r., *4 cad., pinchar en la 2.ª cad. desde el ganchillo, 3 p.r., 1 p.r. en la siguiente cad. de la tira de cad. desde el principio*, repetir 2 veces de * a * (= 3 mechones). Cortar la hebra larga.

OJOS (en negro y azul celeste)

Ojo derecho

Empezar con hilo de color negro.
1.ª v.: tejer 5 p.b. en un anillo mágico.
2.ª v.: aum. 1 p. 2 veces, (1 p.m., 1 p.a., 1 p.m.) en 1 p., aum. 1 p. 2 veces (= 11 p.).
Cambiar a color azul celeste.
3.ª v.: en las pres. tras.: 1 p.m., aum. 1 p.m., 1 p.m., aum. 1 p.m., (1 p.m., 1 p.a., 1 p.m.) en 1 p., 1 p.b., 1 p.m., 1 p.b., aum. 2 p.b., 1 p.b. (= 17 p.).
Rematar y dejar una hebra larga. Hacer con hilo de bordar blanco un punto de luz en la pupila negra.

CONTINÚA

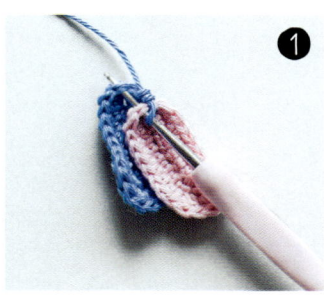

Ojo izquierdo

Empezar con hilo de color negro.
1.ª v.: tejer 5 p.b. en un anillo mágico.
2.ª v.: aum. 1 p. 2 veces, (1 p.m., 1 p.a., 1 p.m.) en 1 p., aum. 1 p. 2 veces (= 11 p.).
Cambiar a color azul celeste.
3.ª v.: en las pres. tras.: 1 p.b., 1 p.m., aum. 1 p.b. 2 veces, 1 p.b., (1 p.m., 1 p.a., 1 p.m.) en 1 p., 1 p.m., aum. 1 p.m., 1 p.m., aum. 1 p.m. (= 17 p.).
Rematar y dejar una hebra larga. Hacer con hilo de bordar blanco un punto de luz en la pupila negra.

NARIZ (en azul Capri)

Tejer en filas.
1.ª f.: formar un anillo mágico y tejer dentro 3 cad., 5 p.a. Tirar firmemente del hilo inicial. No cerrar el anillo con 1 p.r. Cortar dejando una hebra larga.

OREJAS (en rosa claro y azul pastel)

Interior de la oreja
(2 veces, en rosa claro)

1.ª v.: montar 8 cad., pinchar en la 2.ª cad. desde el ganchillo, aum. 1 p., 5 p.b., 4 p.b. en la última cad., no girar, sino continuar tejiendo a lo largo de la tira de cad., 5 p.b., aum. 1 p. (= 18 p.).
2.ª v.: tejer 7 p.b., aum. 1 p.m., aum. 1 p.a. 2 veces, aum. 1 p.m., 7 p.b. (= 22 p.).
Cerrar y rematar los extremos del hilo.

Exterior de la oreja derecha (en azul pastel)

Tejer las v. 1.ª y 2.ª como el interior de la oreja, no rematar, sino colocar el interior sobre el exterior de la oreja. La siguiente v. se teje juntando las 2 piezas (figura 1).
3.ª v.: aum. 1 p.a., 3 cad., 1 p.r. en el mismo p. del último p.a., 1 p.r. en el siguiente p., 2 cad., 6 p.m., 5 p.a., 7 p.m. (= 25 p.).
Rematar y dejar una hebra larga.

Exterior de la oreja izquierda (en azul pastel)

Tejer las v. 1.ª y 2.ª como el interior de la oreja, no rematar,

sino colocar el interior sobre el exterior de la oreja. La siguiente v. se teje juntando las 2 piezas.
3.ª v.: aum. 1 p.a. 3 veces, 7 p.m., 5 p.a., 3 cad., 1 p.r. en el mismo p. del último p.a., 1 p.r., 2 cad., 6 p.m. (= 25 p.).
Rematar y dejar una hebra larga.

ACABADO

Sujetar las piezas en la cabeza con unos alfileres y luego coserlas. Colocar el pelo centrado en la parte superior de la cabeza. Coser la nariz entre las v. 7.ª y 10.ª de la cabeza. Colocar los ojos a 2 p. de la nariz (8.ª a 14.ª v. de la cabeza), con los p.a. tejidos en la última v. de los ojos apuntando hacia la nariz (figuras 2 y 3).

Doblar ligeramente la parte inferior de cada oreja y coserlas detrás de los ojos.
Para terminar, unir el muñeco al llavero.

LOS OSOS de colores

MATERIALES

- 👉 Hilo Schachenmayr Catania (100% algodón, 125 m/50 g) en blanco (n.° 106), colores principales: rosa oscuro (n.° 256), rosa (n.° 222), amarillo (n.° 403) o azul (n.° 247)
- 👉 Hilo de bordar en blanco y negro
- 👉 Ganchillo de 2 mm
- 👉 Algodón para relleno
- 👉 Aguja de tapicería
- 👉 Llavero

CÓMO SE HACE

En estas instrucciones todos los p.b. se tejen (punto en X, ver la página 9) y, a menos que se indique lo contrario, se teje en espiral. A medida que se va tejiendo, hay que ir rellenando poco a poco las piezas con algodón para relleno. En estas páginas se explica cómo hacer el oso rosa (página 39).

BRAZOS (2 veces, en el color principal)

Los brazos no se rellenan.
1.ª v.: tejer 6 p.b. en un anillo mágico.
2.ª a 6.ª v.: tejer 6 p.b.
Cerrar y rematar. No cerrar la abertura, pues los brazos se cosen después al cuerpo.

PIERNAS (2 veces, en el color principal)

1.ª v.: tejer 6 p.b. en un anillo mágico.
2.ª v.: aum. 1 p. 6 veces (= 12 p.).
3.ª v.: 3 p.b., mg. 1 p. 3 veces, 3 p.b. (= 9 p.).
4.ª v.: 2 p.b., mg. 1 p. 2 veces, 3 p.b. (= 7 p.).
5.ª v.: tejer 7 p.b.
Rematar la 1.ª pierna, pero no rematar la 2.ª pierna, sino continuar de la siguiente manera:
6.ª v.: 2 p.b. para llegar al interior de la pierna, 3 cad., pinchar en el penúltimo p. de la 1.ª pierna. Ver la figura 1 (página 38), 7 p.b. alrededor de la 1.ª pierna, 3 p.b. en la tira de cad., 7 p.b. alrededor de la 2.ª pierna, 3 cad. en la tira

de cad. (= 20 p.). El siguiente p. es el nuevo comienzo de la vuelta del cuerpo (figura 2, página 38).
No rematar, sino continuar directamente con el cuerpo.

CUERPO (en el color principal)

1.ª v.: *4 p.b., aum. 1 p.*, repetir 3 veces de * a * (= 24 p.).
2.ª a 6.ª v.: tejer 24 p.b.
Rellenar las piernas y el cuerpo.
7.ª v.: *1 p.b., mg. 1 p., 1 p.b.*, repetir 5 veces de * a * (= 18 p.).
8.ª v.: 3 p.b., 3 p.b. uniendo el brazo al cuerpo.
Ver la figura 3 (página 38), 6 p.b., 3 p.b. uniendo el brazo y el cuerpo, 3 p.b. (= 18 p.).
9.ª v.: *1 p.b., mg. 1 p.*, repetir 5 veces de * a * (= 12 p.).
Rellenar apretado el cuerpo y continuar tejiendo la cabeza.

CABEZA (en el color principal)

1.ª v.: aum. 12 p. (= 24 p.).
2.ª v.: tejer 6 p.b., aum. 3 p.

CONTINÚA ➡

(los aum. quedan a los lados de la cabeza, justo encima de los brazos), 9 p.b., aum. 3 p., 3 p.b. (= 30 p.).

3.ª y 4.ª v.: tejer 30 p.b.

5.ª v.: tejer 6 p.b., mg. 3 p., 9 p.b., mg. 3 p., 3 p.b. (= 24 p.).

6.ª y 7.ª v.: tejer 24 p.b.

8.ª v.: *1 p.b., mg. 1 p., 1 p.b.*, repetir 5 veces de * a * (= 18 p.).

9.ª v.: tejer 18 p.b.

Empezar a rellenar la cabeza.

10.ª v.: *1 p.b., mg. 1 p.*, repetir 5 veces de * a * (= 12 p.).

11.ª v.: mg. 6 p. (= 6 p.).

Terminar la vuelta haciendo un cierre invisible y rematar la hebra sobrante.

HOCICO (en blanco)

1.ª v.: tejer 8 p.b. en un anillo mágico.

2.ª v.: tejer 8 p.b.

3.ª v.: tejer 4 p.b., el resto de la v. no se teje (= 4 p.).

Terminar la vuelta haciendo un cierre invisible y cortar la hebra larga. Bordar la nariz en forma de corazón con el color principal y hacer la boca con hilo de bordar negro. Luego coser el hocico en la cara con la hebra sobrante.

BARRIGA (en blanco)

1.ª v.: tejer 6 p.b. en un anillo mágico.

2.ª v.: aum. 1 p. 6 veces (= 12 p.). Terminar la vuelta haciendo un cierre invisible y cortar la hebra larga. Bordar el motivo con un resto de hilo o con hilo de bordar. Coser la barriga delante del cuerpo con el hilo de bordar blanco.

OREJAS (2 veces, en blanco y color principal)

Interior de la oreja (en blanco)

1.ª v.: tejer 4 p.b. en un anillo mágico. Cerrar.

Exterior de la oreja (en el color principal)

1.ª v.: tejer 4 p.b. en un anillo mágico, 1 cad., girar (= 4 p.). Colocar el interior de la oreja sobre el exterior de la oreja y tejer juntando las 2 piezas.

2.ª v.: aum. 4 p. (= 8 p.). Cerrar y cortar la hebra larga. Rematar los hilos sobrantes. Colocar las orejas a los lados de la cabeza y coserlas entre las v. 6.ª y 9.ª.

ACABADO

Con hilo de bordar blanco y negro, hacer los ojos a la altura de la parte superior de la nariz, dejando 5 p. entre medias. Los ojos tienen 2 p. de altura. Hacer las cejas encima con hilo de bordar negro.

Para terminar, unir el muñeco al llavero.

¡TERMINADO!

EL MONIGOTE amarillo

MATERIALES

- 👉 Hilo Schachenmayr Catania (100% algodón, 125 m/ 50 g) en amarillo (n.° 280), negro (n.° 110), gris (n.° 434), blanco (n.° 106) y azul (n.° 247)
- 👉 Hilo de bordar en negro
- 👉 Ganchillo de 2 mm
- 👉 Ojos de seguridad redondos de 5 mm de Ø
- 👉 Algodón para relleno
- 👉 Aguja de tapicería
- 👉 Llavero

CÓMO SE HACE

En estas instrucciones todos los p.b. se tejen (punto en X, ver la página 9) y, a menos que se indique lo contrario, se teje en espiral. A medida que se va tejiendo, hay que ir rellenando poco a poco las piezas con algodón para relleno.

OJO (en blanco y gris)

Empezar con hilo de color blanco.
1.ª v.: tejer 5 p.b. en un anillo mágico, cerrar sin apretar del todo el anillo.
2.ª v.: aum. 1 p. 5 veces (= 10 p.).

Cambiar a color gris.
3.ª v.: tejer 10 p.b. en las pres. tras.
Terminar la vuelta haciendo un cierre invisible. Insertar un ojo de seguridad (sin coserlo definitivamente) en el centro del ojo tejido. Quitar el ojo para coserlo más tarde en la cabeza (página 42).

PIERNAS (2 veces, en negro y azul)

Empezar con hilo de color negro.
1.ª v.: tejer 6 p.b. en un anillo mágico.
2.ª v.: aum. 1 p. 6 veces (= 12 p.).
3.ª v.: 3 p.b., mg. 1 p. 3 veces, 3 p.b. (= 9 p.).
4.ª v.: 2 p.b., mg. 1 p. 2 veces, 3 p.b. (= 7 p.).
Cambiar a color azul.
5.ª v.: tejer 7 p.b. en las pres. tras.

Rematar la 1.ª pierna, pero no rematar la 2.ª pierna, sino continuar de la siguiente manera:
6.ª v.: 2 p.b. para llegar al interior de la pierna, 2 cad., pinchar en el penúltimo p. de la 1.ª pierna (figura 1). Tejer 7 p.b. alrededor de la 1.ª pierna, 2 p.b. en la tira de cad., 7 p.b. alrededor de la 2.ª pierna, 2 cad. en la tira de cad. (= 18 p.). El siguiente punto es el nuevo comienzo de la vuelta del cuerpo (figura 2). No rematar, sino continuar directamente con el cuerpo.

CUERPO Y CABEZA (en gris, amarillo y negro)

Empezar con hilo de color gris.
1.ª v.: *1 p.b., aum. 1 p., 1 p.b.*, repetir 5 veces de * a * (= 24 p.).
2.ª y 3.ª v.: tejer 24 p.b.
Cambiar a color amarillo.

CONTINÚA ➡

4.ª v.: tejer 24 p.r. en las pres. tras.

5.ª v.: tejer 24 p.b. en las pres. tras.

6.ª a 10.ª v.: tejer 24 p.b. Rellenar las piernas y el cuerpo con algodón para relleno, rellenar también en las siguientes vueltas. Cambiar a color negro.

11.ª v.: tejer 24 p.b. Cambiar a color amarillo.

12.ª v.: tejer 24 p.b. en las pres. tras.

13.ª y 14.ª v.: tejer 24 p.b. Poner el ojo tejido antes. Insertar centrado el ojo de seguridad por delante, entre las v. 10.ª y 11.ª, y coser el ojo tejido.

15.ª v.: *1 p.b., aum. 1 p., 1 p.b.*, repetir 5 veces de * a * (= 18 p.).

Rellenar apretado con algodón para relleno, especialmente en la siguiente v. para que la cabeza quede bien redonda.

16.ª v.: *1 p.b., aum. 1 p.*, repetir 5 veces de * a * (= 12 p.).

17.ª v.: mg. 1 p. 6 veces (= 6 p.). Terminar la vuelta haciendo un cierre invisible y rematar.

BRAZOS (2 veces, en negro y amarillo)

Empezar con hilo de color negro.

1.ª v.: tejer 5 p.b. en un anillo mágico.

2.ª v.: tejer 5 p.b. Cambiar a color amarillo.

3.ª v.: tejer 5 p.b. en las pres. tras.

4.ª a 8.ª v.: tejer 5 p.b. Cortar la hebra larga, dar una puntada para cerrar un poco los brazos. Coser a los lados del cuerpo entre las v. 8.ª y 9.ª.

PETO (en azul)

Tejer en filas. Marcar 8 puntos frontales en la 4.ª v. del pantalón azul (figura 3).

Tejer como sigue, con la cabeza hacia atrás:

1.ª f.: aum. 1 p., 4 p.b., aum. 1 p. (6 p.). Rematar los hilos. Trabajar los tirantes de la siguiente manera:

1.ª f.: tejer 12 cad., 6 p.b. en la f. del peto (figuras 4 y 5), 12 cad. (= 30 p.). Rematar y cortar la hebra larga. Coser los tirantes al cuerpo por detrás (figura 6). Fijar también los tirantes a los lados del cuerpo con un par de puntadas, para que no se escurran hacia abajo.

ACABADO

Bordar la boca con hilo de bordar negro entre las v. 8.ª y 10.ª. Si se quiere, con el mismo hilo de bordar también se pueden hacer 4 pelos. Para terminar, unir el muñeco al llavero.

¡TERMINADO!

LA CERDITA feliz

MATERIALES

- 👉 Hilo Scheepjes Catona (100% algodón, 125 m/ 50 g) en rosa claro (n.° 246), rosa oscuro (n.° 256), rosa (n.° 222) y negro (n.° 110)
- 👉 Hilo de bordar en blanco
- 👉 Ganchillo de 2 mm
- 👉 Ojos de seguridad redondos de 5 mm de Ø
- 👉 Algodón para relleno
- 👉 Aguja de tapicería
- 👉 Llavero

CÓMO SE HACE

En estas instrucciones todos los p.b. se tejen (punto en X, ver la página 9) y, a menos que se indique lo contrario, se teje en espiral. A medida que se va tejiendo, hay que ir rellenando poco a poco las piezas con algodón para relleno.

CABEZA (en rosa claro)

1.ª v.: tejer 5 p.b. en un anillo mágico.
2.ª v.: aum. 1 p. 5 veces (= 10 p.).

3.ª v.: tejer 10 p.b. en las pres. tras.
4.ª a 8.ª v.: tejer 10 p.b.
9.ª v.: aum. 1 p. 5 veces, 5 p.b. (= 15 p.).
10.ª v.: *1 p.b., aum. 1 p.*, repetir 4 veces de * a *, 5 p.b. (= 20 p.).
11.ª v.: *1 p.b., aum. 1 p., 1 p.b.*, repetir 4 veces de * a *, 5 p.b. (= 25 p.).
12.ª a 16.ª v.: tejer 25 p.b. Insertar los ojos entre las v. 11.ª y 12.ª con una distancia de 6 p. entre medias.
17.ª v.: *3 p.b., mg. 1 p.*, repetir 4 veces de * a * (= 20 p.). Rellenar con algodón para relleno, rellenar también en las siguientes vueltas.
18.ª v.: *1 p.b., mg. 1 p., 1 p.b.*, repetir 4 veces de * a * (= 15 p.).
19.ª v.: *1 p.b., mg. 1 p.*, repetir 4 veces de * a * (= 10 p.).
20.ª v.: mg. 1 p. 5 veces (= 5 p.). Terminar la vuelta haciendo un cierre invisible y rematar.

OREJAS (2 veces, en rosa claro)

Montar 4 cad. y tejer a lo largo de ambos lados de la tira de cad.

1.ª v.: pinchar en el 2.° p. a partir del ganchillo (ver abajo el consejo), 1 p.b., aum. 1 p.m., 4 p.a. en la última cad., seguir en el otro lado de la tira de cad., aum. 1 p.m., 1 p.b. (= 10 p.).

Consejo: tejer en la tercera presilla (trasera) de la cadeneta para que no queden agujeros.

Rematar con una hebra larga y luego rematar la hebra inicial. Coser las orejas en la cabeza entre las v. 17.ª y 18.ª dejando 3 p. entre medias.

MEJILLAS (2 veces, en rosa)

1.ª v.: tejer 5 p.b. en un anillo mágico. Terminar la vuelta haciendo un cierre invisible y cortar la hebra larga. Coser las mejillas a los lados de la cabeza, 3 p. en diagonal por debajo de los ojos.

CUERPO (en rosa oscuro)

1.ª v.: tejer 6 p.b. en un anillo mágico.
2.ª v.: aum. 1 p. 6 veces (= 12 p.).

CONTINÚA ➡

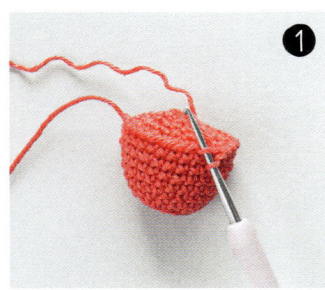

3.ª v.: en las pres. tras.: *1 p.b., aum. 1 p.*, repetir 5 veces de * a * (= 18 p.).

4.ª v.: tejer 18 p.b.

5.ª v.: *1 p.b., aum. 1 p., 1 p.b.*, repetir 5 veces de * a * (= 24 p.).

6.ª y 7.ª v.: tejer 24 p.b.

8.ª v.: *3 p.b., aum. 1 p.*, repetir 5 veces de * a * (= 30 p.).

9.ª v.: tejer 30 p.b.

10.ª v.: en las pres. tras.: *3 p.b., mg. 1 p.*, repetir 5 veces de * a * (= 24 p.).

11.ª v.: *1 p.b., mg. 1 p., 1 p.b.*, repetir 5 veces de * a * (= 18 p.).

12.ª v.: *1 p.b., mg. 1 p.*, repetir 5 veces de * a * (= 12 p.). Rellenar el cuerpo con algodón para relleno hasta la 9.ª v.

13.ª v.: mg. 1 p. 6 veces (= 6 p.). Terminar la vuelta haciendo un cierre invisible y rematar. Con el cuerpo mirando hacia delante (figura 1) tejer 30 p.r. alrededor sobre los puntos de la 9.ª v.

PIERNAS (2 veces, en negro y rosa claro)

Empezar con hilo de color negro.

1.ª v.: tejer 4 p.b. en un anillo mágico.

2.ª v.: aum. 1 p. 4 veces (= 8 p.).

3.ª a 5.ª v.: tejer 8 p.b. Si se quiere, rellenar un poco el pie con algodón para relleno.

6.ª v.: mg. 1 p. 4 veces (= 4 p.).

7.ª v.: mg. 1 p., cambiar a hilo de color rosa claro y tejer 5 cad. Cortar la hebra larga. Coser las piernas al cuerpo con la hebra sobrante (figura 2) y tirar a través del cuerpo. Atar bien los 2 hilos de las piernas y coserlos. Esto es necesario para que las piernas queden bien sujetas.

Consejo: al cambiar de color, anudar y coser fuerte los 2 hilos en negro y rosa claro para que queden bien unidos. Utilizar también el extremo del hilo para atar las piernas al cuerpo y luego coserlas.

BRAZOS (2 veces, en rosa claro)

Montar 11 cad., insertar desde la 2.ª cad. del ganchillo, 2 p.r. (= 1.er dedo), *3 cad., insertar desde la 2.ª cad. del ganchillo, 2 p.r., 1 p.r. en la misma cad. que el último p.r. del 1.er dedo*, repetir de * a *, 8 p.r. en la tira de cad. del principio. Coser los brazos a los lados del cuerpo, entre las v. 4.ª y 5.ª.

ACABADO

Delinear los ojos con hilo de bordar blanco. Bordar la boca con color rosa. Bordar la nariz en el hocico con color rosa. Unir la cabeza al cuerpo con hilo rosa claro, cosiendo en la pres. del. de la 2.ª v. del cuerpo. Para terminar, unir la muñeca al llavero.

¡TERMINADA!

EL DINOSAURIO sonriente

MATERIALES

- 👉 Hilo Scheepjes Catona (100 % algodón, 125 m/ 50 g) en verde (n.° 513), rojo (n.° 115), blanco (n.° 106), naranja (n.° 411) y amarillo (n.° 403)
- 👉 Hilo de bordar en blanco y negro
- 👉 Ganchillo de 2 mm
- 👉 Ojos de cristal redondos con presilla, de 5 mm de Ø
- 👉 Algodón para relleno
- 👉 Llavero
- 👉 Alfileres

CÓMO SE HACE

En estas instrucciones todos los p.b. se tejen (punto en X, ver la página 9) y, a menos que se indique lo contrario, se teje en espiral. A medida que se va tejiendo, hay que ir rellenando poco a poco las piezas con algodón para relleno.

CABEZA (en verde)

1.ª v.: tejer 6 p.b. en un anillo mágico.
2.ª v.: aum. 1 p. 6 veces (= 12 p.).
3.ª a 6.ª v.: tejer 12 p.b.
7.ª v.: aum. 1 p. 12 veces (= 24 p.).

8.ª a 11.ª v.: tejer 24 p.b.
12.ª v.: *1 p.b., mg. 1 p., 1 p.b.*, repetir 5 veces de * a * (= 18 p.). Rellenar con algodón para relleno, rellenar también en las siguientes vueltas.
13.ª v.: *1 p.b., mg. 1 p.*, repetir de * a * 5 veces (= 12 p.).
14.ª v.: mg. 1 p. 6 veces (= 6 p.). Terminar la vuelta haciendo un cierre invisible y rematar.

NARIZ (en verde)

1.ª v.: tejer 6 p.b. en un anillo mágico.
2.ª v.: aum. 1 p. 6 veces (= 12 p.).
3.ª v.: *1 p.b., aum. 1 p.*, repetir 5 veces de * a * (= 18 p.).
4.ª a 7.ª v.: tejer 18 p.b.
8.ª v.: *1 p.b., mg. 1 p.*, repetir 5 veces de * a * (= 12 p.). Terminar la vuelta haciendo un cierre invisible y cortar la hebra larga. Rellenar la nariz, fijarla con unos alfileres en la cabeza y coserla.

MEJILLAS (2 veces, en blanco)

1.ª v.: tejer 6 p.b. en un anillo mágico.
2.ª v.: aum. 1 p. 6 veces (= 12 p.).
3.ª v.: *1 p.b., aum. 1 p.*, repetir 5 veces de * a * (= 18 p.).

Terminar la vuelta haciendo un cierre invisible y cortar la hebra larga. Fijar las mejillas con unos alfileres a los lados de la nariz y coserlas con el extremo del hilo (figura 1).

BOCA (en rojo y blanco)

Parte exterior de la boca (en blanco)

1.ª v.: tejer 5 p.b. en un anillo mágico.
Cortar y rematar el hilo, sin cerrar el círculo.

Parte interior de la boca (en rojo)

Tejer en filas.
1.ª f.: tejer 5 p.b. en un anillo mágico, 1 cad., girar (= 5 p.). Cambiar a color blanco.
2.ª f.: colocar la parte interior de la boca sobre la parte exterior de la boca y pinchar en las pres. tras. de la parte tejida en rojo, y en el último punto de la parte exterior, unir las 2 partes.

❶

CONTINÚA ➡

Ver las figuras 2 y 3: aum. 1 p. 5 veces. (= 10 p.).
Rematar y cortar la hebra larga. Fijar la boca con unos alfileres debajo de la nariz y coserla (figura 4).

CUERPO (en verde)

1.ª v.: tejer 4 p.b. en un anillo mágico.
2.ª v.: *1 p.b., aum.1 p.*, repetir de * a * (= 6 p.).
3.ª v.: *1 p.b., aum. 1 p.*, repetir 2 veces de * a * (= 9 p.).
4.ª v.: *2 p.b., aum. 1 p.*, repetir 2 veces de * a * (= 12 p.).
5.ª v.: tejer 12 p.b.
6.ª v.: mg. 1 p. 3 veces, *1 p.b., aum. 1 p.*, repetir 2 veces de * a * (= 12 p.).
7.ª v.: 3 p.b., *aum. 1 p., 2 p.b.*, repetir 2 veces de * a * (= 15 p.).
8.ª v.: mg. 1 p. 3 veces, aum. 1 p. 9 veces (= 21 p.).
9.ª v.: 21 p.b.
10.ª v.: *6 p.b., aum. 1 p.*, repetir 2 veces de * a * (= 24 p.).
11.ª y 12.ª v.: tejer 24 p.b.
Empezar a rellenar el cuerpo con algodón para relleno.
13.ª v.: mg. 1 p. 12 veces (= 12 p.).
14.ª v.: mg. 1 p. 6 veces (= 6 p.).
Terminar la vuelta con un cierre invisible. Colocar el cuerpo de frente, con la cola del dinosaurio apuntando hacia arriba.

BARRIGA (en blanco)

Tejer en filas.
1.ª f.: tejer 3 cad., pinchar en la 2.ª cad. desde el ganchillo, 2 p.b., 1 cad., girar (= 2 p.).

2.ª f.: tejer 2 p.b., 1 cad., girar (= 2 p.).
3.ª f.: aum. 1 p. 2 veces, 1 cad., girar (= 4 p.).
4.ª a 15.ª f.: tejer 4 p.b., 1 cad., girar (= 4 p.).
16.ª f.: mg. 1 p. 2 veces, 1 cad., girar (= 2 p.).
17.ª f.: tejer 2 p.b.
Rematar y cortar la hebra larga. Colocar la barriga en el cuerpo, con la cola apuntando un poco hacia arriba. Fijar con unos alfileres y coser con la hebra sobrante (figura 5).

PIERNAS (2 veces, en amarillo, naranja y verde)

Empezar con hilo de color amarillo.
1.ª v.: tejer 6 p.b. en un anillo mágico.
2.ª v.: aum. 1 p. 6 veces (= 12 p.).
Cambiar a color naranja.
3.ª v.: tejer 12 p.b. en las pres. tras.
4.ª v.: 3 p.b., mg. 1 p. 3 veces, 3 p.b. (= 9 p.).
5.ª v.: 2 p.b., mg. 1 p. 2 veces, 3 p.b. (= 7 p.).
Cambiar a color verde.
6.ª v.: tejer 7 p.b. en las pres. tras.
Rematar y cortar la hebra larga. Si se quiere, rellenar un poco las piernas con algodón para relleno.

BRAZOS (2 veces, en verde)

1.ª v.: tejer 6 p.b. en un anillo mágico.
2.ª a 5.ª v.: tejer 6 p.b. (= 6 p.).
6.ª v.: 3 p.m., no tejer los p. sobrantes (= 3 p.).

Rematar y cortar la hebra larga.

Consejo: tejer los picos de la cresta en la 3.ª pres. (tras.) de la cad., para que no queden agujeros.

CRESTA (en naranja)

Montar 12 cad., pinchar en la 2.ª cad. desde el ganchillo (1 p.b., 1 p.m., 1 p.a., 1 p.m., 1 p.b.) en 1 p., saltar 1 p., 1 p.r., saltar 1 p., (1 p.b., 1 p.m., 1 p.a., 1 p.m., 1 p.b.) en 1 p., saltar 1 p., 1 p.r., (1 p.b., 1 p.m., 1 p.a., 1 p.m., 1 p.b.) en 1 p., saltar 1 p., 1 p.r. (= 3 picos).
Rematar y cortar la hebra larga.

CAPARAZÓN (en rojo y blanco)

Empezar con hilo de color rojo.
1.ª v.: tejer 6 p.b. en un anillo mágico.
2.ª v.: *1 p.b., aum. 1 p.*, repetir 2 veces de * a * (= 9 p.).
Cambiar a color blanco.
3.ª v.: 9 p.r. en las pres. tras.
4.ª v.: en las pres. tras.: *1 p.b., aum. 1 p.*, repetir 3 veces de * a *, 1 p.b. (= 13 p.).
Terminar la vuelta haciendo un cierre invisible y cortar la hebra larga.

HUEVO (en blanco)

1.ª v.: tejer 8 p.b. en un anillo mágico.
2.ª v.: aum. 1 p. 8 veces (= 16 p.).
3.ª a 6.ª v.: tejer 16 p.b.
7.ª v.: *2 p.b., mg. 1 p.*, repetir 3 veces de * a * (= 12 p.).

8.ª v.: tejer 12 p.b.
9.ª v.: *4 p.b., mg. 1 p.*, repetir de * a * (= 10 p.).
Rellenar con algodón para relleno.
10.ª v.: mg. 1 p. 5 veces (= 5 p.). Terminar la vuelta haciendo un cierre invisible y rematar. Bordar un par de puntos de nudo en color verde.

ACABADO

Fijar las piernas, los brazos, el caparazón y la cresta al cuerpo con unos alfileres (figura 6) y coser. Después, entre las v. 5.ª y 7.ª, con una longitud de 2 p., hacer 2 arcos para el blanco de los ojos con hilo de bordar blanco (figura 7).
Coser los ojos de cristal con presilla (figuras 8 y 9). Hacer

la nariz con dos puntadas de hilo de bordar negro. Coser la cabeza al cuerpo. Unir el muñeco al llavero. Utilizando la hebra inicial en blanco, tejer 15 cad., pasar el ganchillo por la anilla del llavero y tejer 1 p. de cad. alrededor (página 17). Tejer 15 p.r. sobre la tira de cad. Cortar, dejando largo el hilo final.
Coser la tira de cad. en la cabeza del dinosaurio. Enhebrar la aguja con los hilos iniciales y finales y

tirar de ellos para pasarlos atravesando el muñeco, anudar los extremos en la parte inferior del cuerpo y rematar.
Unir el huevo de dinosaurio al llavero siguiendo el mismo proceso anterior, pero usando hilo verde y tejiendo 10 cad. en lugar de 15 cad.

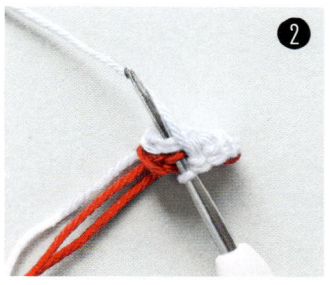

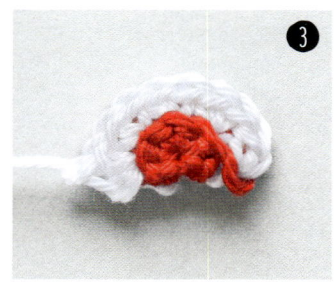

LA NIÑA terrorífica

MATERIALES

- 👉 Hilo Scheepjes Catona (100% algodón, 125 m/ 50 g) en blanco (n.° 106), rosa pálido (n.° 255) y negro (n.° 110)
- 👉 Hilo de bordar en blanco y negro
- 👉 Ganchillo de 2 mm
- 👉 Ojos de seguridad redondos de 5 mm de Ø
- 👉 Algodón para relleno
- 👉 Aguja de tapicería
- 👉 Llavero
- 👉 Colorete y brocha para colorete (opcional)

CÓMO SE HACE

En estas instrucciones todos los p.b. se tejen (punto en X, ver la página 9) y, a menos que se indique lo contrario, se teje en espiral. A medida que se va tejiendo, hay que ir rellenando poco a poco las piezas con algodón para relleno.

CUERPO Y CABEZA (en negro, blanco y rosa pálido)

Empezar con hilo de color negro.
1.ª v.: tejer 6 p.b. en un anillo mágico.
2.ª v.: aum. 1 p. 6 veces (= 12 p.).
3.ª v.: *1 p.b., aum. 1 p.*, repetir 5 veces de * a * (= 18 p.).
4.ª v.: *1 p.b., aum. 1 p., 1 p.b.*, repetir 5 veces de * a * (= 24 p.).
5.ª v.: tejer 24 p.b. en las pres. tras.
6.ª y 7.ª v.: tejer 24 p.b.
8.ª v.: *4 p.b., mg. 1 p.*, repetir 3 veces de * a * (= 20 p.).
9.ª v.: *3 p.b., mg. 1 p.*, repetir 3 veces de * a * (= 16 p.).
10.ª v.: *2 p.b., mg. 1 p.*, repetir 3 veces de * a * (= 12 p.).
Rellenar apretado con algodón para relleno, rellenar también en las siguientes vueltas.
Cambiar a color blanco.
11.ª v.: tejer 12 p.b. en las pres. tras.
Cambiar a color rosa pálido.
12.ª v.: tejer 12 p.b. en las pres. tras.
No rematar; el hilo servirá para seguir tejiendo después la cabeza. **Antes de continuar con la cabeza,** pinchar en las pres.

del. de la 11.ª v. en blanco y **tejer el cuello así:**
1.ª v.: tejer 4 p.b., 1 p.m., (2 p.a., 3 cad., 1 p.r.) en 1 p., (1 p.r., 3 cad., 2 p.a.) en el siguiente p., 1 p.m., 4 p.b., 1 p.r. en el 1.er p. desde el principio (= 16 p.).
Rematar el hilo blanco y usar el extremo para coser el cuello al vestido con un par de puntadas.
Seguir tejiendo la cabeza con el hilo de la 12.ª v.
13.ª v.: *1 p.b., aum. 1 p.*, repetir 5 veces de * a * (18 p.).
14.ª v.: *1 p.b., aum. 1 p., 1 p.b.*, repetir 5 veces de * a * (= 24 p.).
15.ª v.: *3 p.b., aum. 1 p.*, repetir 5 veces de * a * (= 30 p.).
16.ª a 18.ª v.: tejer 30 p.b.
Introducir los ojos delante entre las v. 15.ª y 16.ª con 5 p. entre medias.
19.ª v.: *3 p.b., mg. 1 p.*, repetir 5 veces de * a * (= 24 p.).
20.ª v.: *1 p.b., mg. 1 p., 1 p.b.*, repetir 5 veces de * a * (= 18 p.).
Rellenar con algodón para relleno, rellenar también en las siguientes vueltas.
21.ª v.: *1 p.b., mg. 1 p.*, repetir 5 veces de * a * (= 12 p.).
22.ª v.: mg. 1 p. 6 veces (= 6 p.).

CONTINÚA ➡

Terminar la vuelta haciendo un cierre invisible y rematar. Montar en negro sobre los puntos sobrantes en la 5.ª v. del cuerpo (con la cabeza hacia afuera). Ver la figura 1 y tejer:
1.ª v.: *1 p.b., aum. 1 p.*, repetir de * a * 11 veces (= 36 p.).
Terminar la vuelta haciendo un cierre invisible y rematar. Bordar el blanco de los ojos con hilo de bordar blanco, y un par de pestañas en negro (figura 2).

PELO (en negro)

1.ª v.: tejer 6 p.b. en un anillo mágico.
2.ª v.: aum. 1 p. 6 veces (= 12 p.).
3.ª v.: *1 p.b., aum. 1 p.*, repetir 5 veces de * a * (= 18 p.).
4.ª v.: *1 p.b., aum. 1 p., 1 p.b.*, repetir 5 veces de * a * (= 24 p.).
5.ª v.: *3 p.b., aum. 1 p.*, repetir 5 veces de * a * (= 30 p.).
6.ª a 9.ª v.: tejer 30 p.b.
10.ª v.: tejer 6 p.b., *10 cad., pinchar en la 2.ª cad. desde el ganchillo, 9 p.b., 1 p.r.*, repetir 2 veces de * a *, 1 p.m., 6 p.a., 1 p.m., 1 p.r., 1 p.m., 6 p.a., 1 p.m., 1 p.r., *10 cad., pinchar en la 2.ª cad. desde el ganchillo, 9 p.b., 1 p.r.*, repetir 2 veces de * a *.

Terminar la vuelta haciendo un cierre invisible y cortar largo el hilo.
Colocar el pelo de manera que los 3 mechones largos queden a los lados y el último punto raso de la última vuelta en medio de la frente (figura 3).
Coser el pelo alrededor de la cabeza. Trenzar los 3 mechones largos de cada lado y atarlos con hilo negro.

BRAZOS (2 veces, en rosa pálido, blanco y negro)

Empezar con hilo de color rosa pálido.
1.ª v.: tejer 6 p.b. en un anillo mágico.
2.ª v.: tejer 6 p.b.
Cambiar a color blanco.
3.ª v.: tejer 6 p.b.
Cambiar a color negro.
4.ª v.: tejer 6 p.b en las pres. tras.
5.ª a 7.ª v.: tejer 6 p.b.
Rematar y dejar la hebra larga. Dar una puntada para cerrar un poco cada brazo y coserlo al lado del cuerpo.

PIERNAS (2 veces, en negro y blanco)

Empezar con hilo de color negro.
1.ª v.: tejer 6 p.b. en un anillo mágico.
2.ª a 4.ª v.: tejer 6 p.b.
Si se quiere, rellenar un poco el pie con algodón para relleno.
5.ª v.: mg. 1 p. 2 veces y dar una puntada cogiendo ambos lados para cerrar el pie.
Montar el hilo blanco y tejer 6 cad. con ambos colores al mismo tiempo.
Cortar la hebra larga.

ACABADO

Enhebrar hilo de color rosa pálido y bordar una pequeña nariz con una longitud de 2 p. entre las v. 13.ª y 14.ª de la cara. Si se quiere, aplicar un poco de colorete en las mejillas con una brocha para colorete.
Coser las piernas al cuerpo usando los hilos sobrantes y pasarlos a través del cuerpo. Atar bien las piernas y rematar el hilo. Esto es necesario para que las piernas queden bien sujetas. Para terminar, unir la muñeca al llavero.

≥ ¡TERMINADA! ≤

LA CRIATURA azul

MATERIALES

- 👉 Hilo Buttinette WollButt Camilla (100% algodón, 125 m/50 g) en azul (n.° 35440) y blanco (n.° 35432)
- 👉 Hilo de bordar en blanco y negro
- 👉 Ganchillo de 2 mm
- 👉 Ojos de seguridad redondos de 5 mm de Ø
- 👉 Algodón para relleno
- 👉 Aguja de tapicería
- 👉 Llavero

CÓMO SE HACE

En estas instrucciones todos los p.b. se tejen (punto en X, ver la página 9) y, a menos que se indique lo contrario, se teje en espiral. A medida que se va tejiendo, hay que ir rellenando poco a poco las piezas con algodón para relleno.

CUERPO (en blanco y azul)

Empezar con hilo de color blanco.
1.ª v.: tejer 6 p.b. en un anillo mágico.
2.ª v.: aum. 1 p. 6 veces (= 12 p.).
3.ª v.: *1 p.b., aum. 1 p.*, repetir 5 veces de * a * (= 18 p.).

4.ª v.: *1 p.b., aum. 1 p., 1 p.b.*, repetir 5 veces de * a * (= 24 p.).
5.ª y 6.ª v.: tejer 24 p.b.
Cambiar a color azul.
7.ª v.: tejer 24 p.r. en las pres. tras.
8.ª v.: en las pres. tras.: *4 p.b., mg. 1 p.*, repetir 3 veces de * a * (= 20 p.).
9.ª v.: *3 p.b., mg. 1 p.*, repetir 3 veces de * a * (= 16 p.).
10.ª v.: *1 p.b., mg. 1 p., 1 p.b.*, repetir 3 veces de * a * (= 12 p.).
11.ª v.: tejer 12 p.b.
Rellenar el cuerpo con algodón para relleno.
Tejer la cabeza.
12.ª v.: *1 p.b., aum. 1 p.*, repetir 5 veces de * a * (= 18 p.).
13.ª v.: *1 p.b., aum. 1 p., 1 p.b.*, repetir 5 veces de * a * (= 24 p.).
14.ª v.: *3 p.b., aum. 1 p.*, repetir 5 veces de * a * (= 30 p.).
15.ª a 18.ª v.: tejer 30 p.b.
Insertar los ojos entre las v. 16.ª y 17.ª dejando 3 p. entre medias.
19.ª v.: *3 p.b., mg. 1 p.*, repetir 5 veces de * a * (= 24 p.).
Rellenar con algodón para relleno, rellenar también en las siguientes vueltas.
20.ª v.: *1 p.b., mg. 1 p.b., 1 p.b.*, repetir 5 veces de * a * (= 18 p.).
21.ª v.: *1 p.b., mg. 1 p.b.*, repetir 5 veces de * a * (= 12 p.).
22.ª v.: mg. 1 p. 6 veces (= 6 p.).

Rodear los ojos con hilo blanco y bordar las cejas con hilo negro 2 vueltas por encima.

NARIZ (en azul)

1.ª v.: tejer 6 p.b. en un anillo mágico.
2.ª y 3.ª v.: tejer 6 p.b.
Rematar y cortar la hebra larga. Coser la nariz entre las v. 9.ª y 11.ª con la hebra sobrante. Rematar la vuelta con la hebra sobrante. Bordar la boca con hilo de bordar negro.

OREJAS (2 veces, en azul)

1.ª v.: tejer 6 p.b. en un anillo mágico. Rematar sin cerrar el círculo.
Coser las orejas a los lados de la cabeza a la altura de los ojos y de la nariz (figura 1).

CONTINÚA ➡

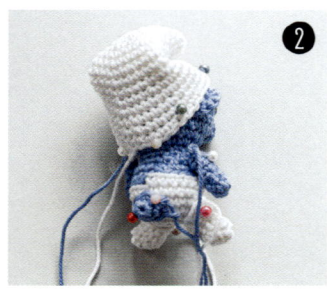

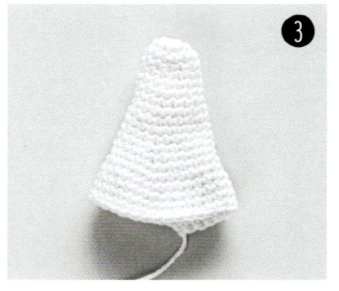

COLA (en azul)

1.ª v.: tejer 6 p.b. en un anillo mágico.

2.ª y 3.ª v.: tejer 6 p.b.
Rematar y cortar la hebra larga. Colocar la cola en la espalda, entre las v. 2.ª y 5.ª, y coser con la hebra sobrante (figura 2).

BRAZOS (2 veces, en azul)

1.ª v.: tejer 5 p.b. en un anillo mágico.

2.ª v.: aum. 1 p. 5 veces (= 10 p.).

3.ª v.: mg. 1 p. 4 veces, 2 p.b. (= 6 p.).

4.ª y 5.ª v.: tejer 6 p.b.
Rematar y cortar la hebra larga. Dar una puntada en los brazos para cerrarlos y coserlos a los lados del cuerpo.

PIERNAS (2 veces, en blanco)

1.ª v.: tejer 6 p.b. en un anillo mágico.

2.ª v.: aum. 1 p. 6 veces (= 12 p.).

3.ª v.: 3 p.b., mg. 1 p. 3 veces, 3 p.b. (= 9 p.).

4.ª v.: 2 p.b., mg. 1 p. 2 veces, 3 p.b. (= 7 p.).

5.ª v.: tejer 7 p.b.
Rematar y cortar la hebra larga. También se pueden rellenar un poco las piernas con algodón para relleno, fijarlas al cuerpo con unos alfileres y coserlas.

GORRO (en blanco)

1.ª v.: tejer 6 p.b. en un anillo mágico.

2.ª v.: aum. 1 p. 6 veces (= 12 p.).

3.ª y 4.ª v.: tejer 12 p.b.

5.ª v.: *5 p.b., aum. 1 p.*, repetir de * a * (= 14 p.).

6.ª v.: tejer 14 p.b.

7.ª v.: *6 p.b., aum. 1 p.*, repetir de * a * (= 16 p.).

8.ª v.: tejer 16 p.b.

9.ª v.: *7 p.b., aum. 1 p.*, repetir de * a * (= 18 p.).

10.ª v.: tejer 18 p.b.

11.ª v.: *8 p.b., aum. 1 p.*, repetir de * a * (= 20 p.).

12.ª v.: tejer 20 p.b.

13.ª v.: *9 p.b., aum. 1 p.*, repetir de * a * (= 22 p.).

14.ª v.: tejer 22 p.b.

15.ª v.: *10 p.b., aum. 1 p.*, repetir de * a * (= 24 p.).

16.ª v.: *3 p.b., aum. 1 p.*, repetir 5 veces de * a * (= 30 p.).

17.ª v.: tejer 30 p.b.

18.ª v.: *14 p.b., aum. 1 p.*, repetir de * a * (= 32 p.).

19.ª y 20.ª v.: 32 p.b.
Terminar la vuelta haciendo un cierre invisible y cortar la hebra larga (figura 3).

ACABADO

Rellenar la punta del gorro con un poco de algodón para relleno. Colocarle el gorro al muñeco por detrás de las orejas y coser alrededor de la cabeza (figura 4). Doblar luego la punta del gorro hacia delante y coserlo con un poco de hilo blanco, anudar los extremos y rematar (figura 5). Hacer esto con mucho cuidado, ya que el llavero quedará sujeto al gorro. Para terminar, unir el muñeco al llavero.

≫ ¡TERMINADO! ≪

EL PATO con rayas

MATERIALES

- 👉 Hilo Buttinette WollButt Camilla (100% algodón, 50 g/125 m) en amarillo (n.º 103766), negro (n.º 35435) y verde (n.º 35933)
- 👉 Hilo de bordar negro (opcional)
- 👉 Ganchillo de 2 mm
- 👉 Ojos de seguridad redondos de 5 mm de Ø
- 👉 Algodón para relleno
- 👉 Aguja de tapicería
- 👉 Llavero

CÓMO SE HACE

En estas instrucciones todos los p.b. se tejen (punto en X, ver la página 9) y, a menos que se indique lo contrario, se teje en espiral. A medida que se va tejiendo, hay que ir rellenando poco a poco las piezas con algodón para relleno.

Consejo: el cambio de color se debe hacer en el último punto de la vuelta anterior (figura 1). Los hilos se van llevando a lo largo del borde sin cortarlos.

CABEZA Y CUERPO (2 veces, en amarillo y negro)

Tejer en filas.
Empezar con hilo de color amarillo.
1.ª f.: tejer 4 p.b. en un anillo mágico, 1 cad., girar.
Cambiar a color negro.
2.ª f.: tejer 4 p.b., 1 cad., girar.
3.ª f.: tejer 4 p.b., 1 cad., girar.
Cambiar a color amarillo.
4.ª f.: tejer 4 p.b., 1 cad., girar.
5.ª f.: tejer 4 p.b., girar.
Cambiar a color negro.
6.ª f.: tejer 3 cad., pinchar en la 2.ª cad. a partir del ganchillo, 2 p.b. en la tira de cad., 4 p.b. en la f. de base, 1 cad., girar (= 6 p.).
7.ª f.: tejer 6 p.b., girar.
Cambiar a color amarillo.
8.ª f.: tejer 3 cad., pinchar en la 2.ª cad. a partir del ganchillo, 2 p.b. en la tira de cad., 6 p.b. en la f. de base, girar (= 8 p.).
9.ª f.: tejer 5 cad., pinchar en la 2.ª cad. a partir del ganchillo, 4 p.b. en la tira de cad., 8 p.b. en la f. de base, 1. cad., girar (= 12 p.).
Cambiar a color negro.
10.ª f.: tejer 12 p.b., 1 cad., girar.
11.ª f.: tejer 12 p.b., 1 cad., girar.

Cambiar a color amarillo.
12.ª f.: tejer mg. 1 p., 10 p.b., 1 cad., girar (= 11 p.).
13.ª f.: tejer 8 p.b., 1 cad., girar (los 3 p. sobrantes no se tejen).
Cambiar a color negro.
14.ª f.: tejer 8 p.b., 1 cad., girar.
15.ª f.: tejer 8 p.b., 1 cad., girar.
Cambiar a color amarillo.
16.ª f.: tejer 8 p.b., 1 cad., girar.
17.ª f.: tejer 8 p.b., 1 cad., girar.
Insertar los ojos entre las f. 8.ª y 9.ª a la altura de la parte alta de la nariz.

¡Atención! Vigilar que los dos ojos estén alineados a ambos lados.

Cambiar a color negro.
18.ª f.: tejer 6 p.b., mg. 1 p., 1 cad., girar (= 7 p.).

❶

CONTINÚA

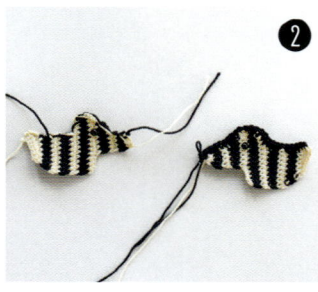

19.ª f.: mg. 1 p., 5 p.b., girar (= 6 p.).
Cambiar a color amarillo.
20.ª f.: tejer 3 cad., pinchar en la 2.ª cad. a partir del ganchillo, 2 p.b. en la tira de cad., 4 p.b., mg. 1 p., 1 cad., girar (= 7 p.).
21.ª f.: mg. 1 p., 5 p.b. (= 6 p.).
Rematar la 1.ª parte del pato. La 2.ª parte se teje como las f. 1.ª a 21.ª. Seguir tejiendo en el borde:

Unir las 2 partes del cuerpo

Empezar con hilo de color negro. Se trabaja en espiral.
1.ª v.: tejer p.b. alrededor del borde del pato, escondiendo a la vez los cambios de color: 10 p.b. en la espalda, 13 p.b. a lo largo de la cabeza hasta el anillo mágico, aum. 1 p. en el anillo mágico (figura 2).

22 p.b. en el borde inferior, 7 p.b. hasta el comienzo de la vuelta (= 54 p.).

¡Atención! El número de puntos es una sugerencia, pues puede que haya que adaptarlo. Lo mismo ocurre en la siguiente vuelta.

Cambiar a color amarillo.
2.ª v.: tejer 54 p.m. en las pres. tras.
3.ª v.: tejer 54 p.m.
Cambiar a color negro, colocar la 1.ª pieza detrás de la 2.ª pieza (el ojo mirando hacia fuera).
4.ª v.: trabajar 54 p.b. en las pres. tras. de la vuelta anterior y en el borde de la 1.ª pieza del pato para unir ambas piezas (figuras 3 y 4). Antes de terminar la vuelta del todo, rellenar el pato apretado con algodón para relleno.

RUEDAS (4 veces, en verde)

1.ª v.: tejer 6 p.b. en un anillo mágico.
2.ª v.: aum. 6 p. (= 12 p.).
Cerrar la vuelta con cierre invisible y cortar largo el hilo. Rematar la hebra de inicio.

Fijar 2 ruedas a cada lado en paralelo debajo del cuerpo (figura 5). Coser solo la mitad superior de las ruedas al cuerpo.

ACABADO

Si se quiere, se puede bordar con hilo de bordar negro 1 punto de nudo en el centro de cada rueda, para indicar el eje.
Para terminar, unir el muñeco al llavero.

¡TERMINADO!

AGRADECIMIENTOS

Quiero dar las gracias de corazón a mi marido, por su gran ayuda y sus acertados consejos. Valoro mucho su opinión sincera. También a mi madre, que es mi fan número uno.

Gracias por su colaboración al maravilloso equipo de la editorial, en especial a mi editora Melanie, con la cual ha sido un verdadero placer realizar este libro.

Gracias también a los proveedores de los materiales: a Scheepjes por su preciosa gama de hilos, me encanta la variedad de colores que fabrican. A Schachenmayr, cuyo hilo es ideal para tejer Amigurumi, y a Buttinette por poner sus materiales a mi disposición.

Como es natural, siento un especial agradecimiento a las tres hacendosas tejedoras que probaron los proyectos, Maren @reni.0608, Steffi @steffispinkeglitzerwelt y a Lisa-Marie @maschenlieschen. Gracias por vuestro tiempo e implicación, que tiene mucho valor para mí.

Y gracias de corazón a todos los fans de los Amigurumi por su apoyo y sus muestras de cariño. Me hace muy feliz pensar en la sonrisa que se dibuja en vuestros rostros al tejer estos proyectos, que despiertan vuestra creatividad.

LA AUTORA

Yvonne Rapp creció en el Sur de Alemania. Llegó al ganchillo buscando una actividad que le ayudase a equilibrar su rutina diaria y descubrió su pasión por los hilos, las lanas y, en especial, por los Amigurumi. Realiza instrucciones para tejer muñecos que vende en su tienda de Etsy "Kreatyvchen" y en su propia web, kreatyvchen.com. Su perfil de Instagram, @kreatyvchen, le sirve de escaparate para sus creaciones.

Editora: Eva Domingo

Título original: *Helden der Kindheit. Schlüsselanhänger,* de Yvonne Rapp.

Publicado por primera vez en Alemania en 2023 por Edition Michael Fischer GmbH.

© 2023 by Edition Michael Fischer GmbH. www.emf-verlag.de
© 2024 de la versión española
   by Editorial El Drac, S.L.
   c/ Impresores, 20
   P. E. Prado del Espino
   28660 Boadilla del Monte, Madrid
   Tel.: 91 559 98 32
   E-mail: info@editorialeldrac.com
   www.editorialeldrac.com

Textos: Theresa Bull
Fotografías: © Atelier Holger Albrich, München (fotografía de portada), © SHOT STILLSTUDIO, Katja Schubert, München (fotografías de presentación), © Yvonne Rapp (fotografías de los paso a paso)

Ilustraciones: Shutterstock: © suesse (págs. 18, 20), © Shafran (pág. 22), © Line By Line Vectors (pág. 24), © Ilia Nesolenyi (págs. 24, 26), © Nikolaeva (págs. 28, 30, 56), © Tanya Syrytsyna (pág. 32), © memej (págs. 36, 38, 44), © Random Illustrator (págs. 36, 38, 48), © Jeanne Yu (pág. 40), © Devita ayu silvianingtyas (pág. 40), © IRINA SHI (pág. 40), © top dog (pág. 44), © Elena Pimukova (págs. 46, 60), © IrynMerry (pág. 48), © Inna Marchenko (pág. 52), © Gluiki (págs. 52, 54), © Yamur-chik (págs. 56, 58, 60, 62), © Lena Pronne (pág. 60), © NastyS (pág. 62)

Traducción: Anna Coll
Revisión técnica: Esperanza González

Esta edición de *Helden der Kindheit. Schlüsselanhänger* se publica por acuerdo con Silke Bruenink Agency, Munich, Alemania.

ISBN: 978-84-9874-771-3
Depósito legal: M-9.366-2024
Impreso en Artes Gráficas COFÁS
Impreso en España – *Printed in Spain*

A pesar de que la autora y los editores han puesto todos los medios a su alcance para que la información que contiene este libro sea la correcta, no garantizan los resultados ni se hacen responsables de cualquier consecuencia que pudiera producirse por el uso de la información contenida en este libro, al no controlar la elección de los materiales ni de los procesos de realización.

Advertencia: debido a las características de los materiales utilizados en esta manualidad, los niños menores de 8 años de edad no deberían tener acceso a ellos sin la supervisión de un adulto. En circunstancias excepcionales, los componentes de estos productos podrían ocasionar lesiones graves o fatales.